VOCABOLARIO HINDI
per studio autodidattico

I0176481

I vocabolari T&P Books si propongono come strumento di aiuto per apprendere, memorizzare e revisionare l'uso di termini stranieri. Il vocabolario contiene oltre 3000 parole di uso comune ordinate per argomenti.

- Il vocabolario contiene le parole più comunemente usate
- È consigliato in aggiunta ad un corso di lingua
- Risponde alle esigenze degli studenti di lingue straniere sia essi principianti o di livello avanzato
- Pratico per un uso quotidiano, per gli esercizi di revisione e di autovalutazione
- Consente di valutare la conoscenza del proprio lessico

Caratteristiche specifiche del vocabolario:

- Le parole sono ordinate secondo il proprio significato e non alfabeticamente
- Le parole sono riportate in tre colonne diverse per facilitare il metodo di revisione e autovalutazione
- I gruppi di parole sono divisi in sottogruppi per facilitare il processo di apprendimento
- Il vocabolario offre una pratica e semplice trascrizione fonetica per ogni termine straniero

Il vocabolario contiene 101 argomenti tra cui:

Concetti di Base, Numeri, Colori, Mesi, Stagioni, Unità di Misura, Abbigliamento e Accessori, Cibo e Alimentazione, Ristorante, Membri della Famiglia, Parenti, Personalità, Sentimenti, Emozioni, Malattie, Città, Visita Turistica, Acquisti, Denaro, Casa, Ufficio, Lavoro d'Ufficio, Import-export, Marketing, Ricerca di un Lavoro, Sport, Istruzione, Computer, Internet, Utensili, Natura, Paesi, Nazionalità e altro ancora ...

INDICE

GUIDA ALLA PRONUNCIA

Lettera	Esempio hindi	Alfabeto fonetico T&P	Esempio italiano

Vocali

Lettera	Esempio hindi	Alfabeto fonetico T&P	Esempio italiano
अ	अक्सर	[a]; [ɑ], [ə]	vantarsi; soldato
आ	आगमन	[a:]	scusare
इ	इनाम	[i]	vittoria
ई	ईश्वर	[i], [i:]	vittoria
उ	उठना	[ʊ]	prugno
ऊ	ऊपर	[u:]	discutere
ऋ	ऋग्वेद	[r, rʲ]	attrice
ए	एकता	[e:]	essere
ऐ	ऐनक	[aj]	marinaio
ओ	ओला	[o:]	coordinare
औ	औरत	[au]	pausa
अं	अंजीर	[ŋ]	fango
अः	अ से अः	[h]	[h] aspirate
ऑ	ऑफिस	[ɒ]	hall

Consonanti

Lettera	Esempio hindi	Alfabeto fonetico T&P	Esempio italiano
क	कमरा	[k]	cometa
ख	खिड़की	[kh]	[k] aspirate
ग	गरज	[g]	guerriero
घ	घर	[gh]	[g] aspirate
ङ	डाकू	[n]	fango
च	चक्कर	[ʧ]	cinque
छ	छात्र	[ʧh]	[tsch] aspirate
ज	जाना	[dʒ]	piangere
झ	झलक	[dʒ]	piangere
ञ	विज्ञान	[n]	stagno
ट	मटर	[t]	tattica
ठ	ठेका	[th]	[t] aspirate
ड	डंडा	[d]	doccia
ढ	ढलान	[d]	doccia
ण	क्षण	[n]	La nasale retroflessa
त	ताकत	[t]	tattica
थ	थकना	[th]	[t] aspirate
द	दरवाज़ा	[d]	doccia
ध	धोना	[d]	doccia
न	नाई	[n]	novanta

Lettera	Esempio hindi	Alfabeto fonetico T&P	Esempio italiano
प	पिता	[p]	pieno
फ	फल	[f]	ferrovia
ब	बच्चा	[b]	bianco
भ	भाई	[b]	bianco
म	माता	[m]	mostra
य	याद	[j]	New York
र	रीछ	[r]	ritmo, raro
ल	लाल	[l]	saluto
व	वचन	[v]	volare
श	शिक्षक	[ʃ]	ruscello
ष	भाषा	[ʃ]	ruscello
स	सोना	[s]	sapere
ह	हज़ार	[h]	[h] aspirate

Consonanti addizionali

क़	क़लम	[q]	cometa
ख़	ख़बर	[h]	[h] aspirate
ड़	लड़का	[r]	ritmo, raro
ढ़	पढ़ना	[r]	ritmo, raro
ग़	ग़लती	[ɣ]	simile gufo, gatto
ज़	ज़िन्दगी	[z]	rosa
झ़	टेंझर	[ʒ]	beige
फ़	फ़ौज	[f]	ferrovia

ABBREVIAZIONI
usate nel vocabolario

Italiano. Abbreviazioni

agg	-	aggettivo
anim.	-	animato
avv	-	avverbio
cong	-	congiunzione
ecc.	-	eccetera
f	-	sostantivo femminile
f pl	-	femminile plurale
fem.	-	femminile
form.	-	formale
inanim.	-	inanimato
inform.	-	familiare
m	-	sostantivo maschile
m pl	-	maschile plurale
m, f	-	maschile, femminile
masc.	-	maschile
mil.	-	militare
pl	-	plurale
pron	-	pronome
qc	-	qualcosa
qn	-	qualcuno
sing.	-	singolare
v aus	-	verbo ausiliare
vi	-	verbo intransitivo
vi, vt	-	verbo intransitivo, transitivo
vr	-	verbo riflessivo
vt	-	verbo transitivo

Hindi. Abbreviazioni

f	-	sostantivo femminile
f pl	-	femminile plurale
m	-	sostantivo maschile
m pl	-	maschile plurale

CONCETTI DI BASE

1. Pronomi

io	मैं	main
tu	तुम	tum
egli, ella, esso, essa	वह	vah
noi	हम	ham
voi	आप	āp
loro	वे	ve

2. Saluti. Convenevoli

Salve!	नमस्कार!	namaskār!
Buongiorno!	नमस्ते!	namaste!
Buongiorno! (la mattina)	नमस्ते!	namaste!
Buon pomeriggio!	नमस्ते!	namaste!
Buonasera!	नमस्ते!	namaste!
salutare (vt)	नमस्कार कहना	namaskār kahana
Ciao! Salve!	नमस्कार!	namaskār!
saluto (m)	अभिवादन (m)	abhivādan
salutare (vt)	अभिवादन करना	abhivādan karana
Come sta? Come stai?	आप कैसे हैं?	āp kaise hain?
Che c'è di nuovo?	क्या हाल है?	kya hāl hai?
Arrivederci!	अलविदा!	alavida!
A presto!	फिर मिलेंगे!	fir milenge!
Addio! (inform.)	अलिवदा!	alivada!
Addio! (form.)	अलविदा!	alavida!
congedarsi (vr)	अलविदा कहना	alavida kahana
Ciao! (A presto!)	अलविदा!	alavida!
Grazie!	धन्यवाद!	dhanyavād!
Grazie mille!	बहुत बहुत शुक्रिया!	bahut bahut shukriya!
Prego	कोई बात नहीं	koī bāt nahin
Non c'è di che!	कोई बात नहीं	koī bāt nahin
Di niente	कोई बात नहीं	koī bāt nahin
Scusa!	माफ़ कीजिएगा!	māf kījiega!
Scusi!	माफ़ी कीजियेगा!	māfī kījiyega!
scusare (vt)	माफ़ करना	māf karana
scusarsi (vr)	माफ़ी मांगना	māfī māngana
Chiedo scusa	मुझे माफ़ कीजिएगा	mujhe māf kījiega
Mi perdoni!	मुझे माफ़ कीजिएगा!	mujhe māf kījiega!
perdonare (vt)	माफ़ करना	māf karana

per favore	कृप्या	krpya
Non dimentichi!	भूलना नहीं!	bhūlana nahin!
Certamente!	ज़रूर!	zarūr!
Certamente no!	बिल्कुल नहीं!	bilkul nahin!
D'accordo!	ठीक है!	thīk hai!
Basta!	बहुत हुआ!	bahut hua!

3. Domande

| Chi? | कौन? | kaun? |
| Che cosa? | क्या? | kya? |

Dove? (in che luogo?)	कहाँ?	kahān?
Dove? (~ vai?)	किधर?	kidhar?
Di dove?, Da dove?	कहाँ से?	kahān se?

Quando?	कब?	kab?
Perché? (per quale scopo?)	क्यों?	kyon?
Perché? (per quale ragione?)	क्यों?	kyon?

Per che cosa?	किस लिये?	kis liye?
Come?	कैसे?	kaise?
Che? (~ colore è?)	कौन-सा?	kaun-sa?
Quale?	कौन-सा?	kaun-sa?

A chi?	किसको?	kisako?
Di chi?	किसके बारे में?	kisake bāre men?
Di che cosa?	किसके बारे में?	kisake bāre men?
Con chi?	किसके?	kisake?

| Quanti?, Quanto? | कितना? | kitana? |
| Di chi? | किसका? | kisaka? |

4. Preposizioni

con (tè ~ il latte)	के साथ	ke sāth
senza	के बिना	ke bina
a (andare ~ ...)	की तरफ़	kī taraf
di (parlare ~ ...)	के बारे में	ke bāre men

| prima di ... | के पहले | ke pahale |
| di fronte a ... | के सामने | ke sāmane |

sotto (avv)	के नीचे	ke nīche
sopra (al di ~)	के ऊपर	ke ūpar
su (sul tavolo, ecc.)	पर	par

| da, di (via da ..., fuori di ...) | से | se |
| di (fatto ~ cartone) | से | se |

| fra (~ dieci minuti) | में | men |
| attraverso (dall'altra parte) | के ऊपर चढ़कर | ke ūpar charhakar |

5. Parole grammaticali. Avverbi. Parte 1

Dove?	कहाँ?	kahãn?
qui (in questo luogo)	यहाँ	yahãn
lì (in quel luogo)	वहां	vahãn
da qualche parte (essere ~)	कहीं	kahĩn
da nessuna parte	कहीं नहीं	kahĩn nahin
vicino a ...	के पास	ke pās
vicino alla finestra	खिड़की के पास	khirakī ke pās
Dove?	किधर?	kidhar?
qui (vieni ~)	इधर	idhar
ci (~ vado stasera)	उधर	udhar
da qui	यहां से	yahãn se
da lì	वहां से	vahãn se
vicino, accanto (avv)	पास	pās
lontano (avv)	दूर	dūr
vicino (~ a Parigi)	निकट	nikat
vicino (qui ~)	पास	pās
non lontano	दूर नहीं	dūr nahin
sinistro (agg)	बायाँ	bāyãn
a sinistra (rimanere ~)	बायीं तरफ़	bāyīn taraf
a sinistra (girare ~)	बायीं तरफ़	bāyīn taraf
destro (agg)	दायां	dāyãn
a destra (rimanere ~)	दायीं तरफ़	dāyīn taraf
a destra (girare ~)	दायीं तरफ़	dāyīn taraf
davanti	सामने	sāmane
anteriore (agg)	सामने का	sāmane ka
avanti	आगे	āge
dietro (avv)	पीछे	pīchhe
da dietro	पीछे से	pīchhe se
indietro	पीछे	pīchhe
mezzo (m), centro (m)	बीच (m)	bīch
in mezzo, al centro	बीच में	bīch men
di fianco	कोने में	kone men
dappertutto	सभी	sabhī
attorno	आस-पास	ās-pās
da dentro	अंदर से	andar se
da qualche parte (andare ~)	कहीं	kahĩn
dritto (direttamente)	सीधे	sīdhe
indietro	वापस	vāpas
da qualsiasi parte	कहीं से भी	kahĩn se bhī
da qualche posto	कहीं से	kahĩn se
(veniamo ~)		

in primo luogo	पहले	pahale
in secondo luogo	दूसरा	dūsara
in terzo luogo	तीसरा	tīsara
all'improvviso	अचानक	achānak
all'inizio	शुरू में	shurū men
per la prima volta	पहली बार	pahalī bār
molto tempo prima di...	बहुत समय पहले ...	bahut samay pahale ...
di nuovo	नई शुरुआत	naī shurūāt
per sempre	हमेशा के लिए	hamesha ke lie
mai	कभी नहीं	kabhī nahin
ancora	फिर से	fir se
adesso	अब	ab
spesso (avv)	अकसर	akasar
allora	तब	tab
urgentemente	तत्काल	tatkāl
di solito	आमतौर पर	āmataur par
a proposito, ...	प्रसंगवश	prasangavash
è possibile	मुमकिन	mumakin
probabilmente	संभव	sambhav
forse	शायद	shāyad
inoltre ...	इस के अलावा	is ke alāva
ecco perché ...	इस लिए	is lie
nonostante (~ tutto)	फिर भी ...	fir bhī ...
grazie a ...	... की मेहरबानी से	... kī meharabānī se
che cosa (pron)	क्या	kya
che (cong)	कि	ki
qualcosa (qualsiasi cosa)	कुछ	kuchh
qualcosa (le serve ~?)	कुछ भी	kuchh bhī
niente	कुछ नहीं	kuchh nahin
chi (pron)	कौन	kaun
qualcuno (annuire a ~)	कोई	koī
qualcuno (dipendere da ~)	कोई	koī
nessuno	कोई नहीं	koī nahin
da nessuna parte	कहीं नहीं	kahīn nahin
di nessuno	किसी का नहीं	kisī ka nahin
di qualcuno	किसी का	kisī ka
così (era ~ arrabbiato)	कितना	kitana
anche (penso ~ a ...)	भी	bhī
anche, pure	भी	bhī

6. Parole grammaticali. Avverbi. Parte 2

Perché?	क्यों?	kyon?
per qualche ragione	किसी कारणवश	kisī kāranavash
perché ...	क्यों कि ...	kyon ki ...
per qualche motivo	किसी वजह से	kisī vajah se
e (cong)	और	aur

o (sì ~ no?)	या	ya
ma (però)	लेकिन	lekin
per (~ me)	के लिए	ke lie
troppo	ज़्यादा	zyāda
solo (avv)	सिर्फ़	sirf
esattamente	ठीक	thīk
circa (~ 10 dollari)	करीब	karīb
approssimativamente	लगभग	lagabhag
approssimativo (agg)	अनुमानित	anumānit
quasi	करीब	karīb
resto	बाक़ी	bāqī
ogni (agg)	हर एक	har ek
qualsiasi (agg)	कोई	koī
molti, molto	बहुत	bahut
molta gente	बहुत लोग	bahut log
tutto, tutti	सभी	sabhī
in cambio di ...	... के बदले में	... ke badale men
in cambio	की जगह	kī jagah
a mano (fatto ~)	हाथ से	hāth se
poco probabile	शायद ही	shāyad hī
probabilmente	शायद	shāyad
apposta	जानबूझकर	jānabūjhakar
per caso	संयोगवश	sanyogavash
molto (avv)	बहुत	bahut
per esempio	उदाहरण के लिए	udāharan ke lie
fra (~ due)	के बीच	ke bīch
fra (~ più di due)	में	men
tanto (quantità)	इतना	itana
soprattutto	ख़ासतौर पर	khāsataur par

NUMERI. VARIE

7. Numeri cardinali. Parte 1

zero (m)	ज़ीरो	zīro
uno	एक	ek
due	दो	do
tre	तीन	tīn
quattro	चार	chār
cinque	पाँच	pānch
sei	छह	chhah
sette	सात	sāt
otto	आठ	āth
nove	नौ	nau
dieci	दस	das
undici	ग्यारह	gyārah
dodici	बारह	bārah
tredici	तेरह	terah
quattordici	चौदह	chaudah
quindici	पन्द्रह	pandrah
sedici	सोलह	solah
diciassette	सत्रह	satrah
diciotto	अठारह	athārah
diciannove	उन्नीस	unnīs
venti	बीस	bīs
ventuno	इक्कीस	ikkīs
ventidue	बाईस	baīs
ventitre	तेईस	teīs
trenta	तीस	tīs
trentuno	इकत्तीस	ikattīs
trentadue	बत्तीस	battīs
trentatre	तैंतीस	taintīs
quaranta	चालीस	chālīs
quarantuno	इकतालीस	iktālīs
quarantadue	बयालीस	bayālīs
quarantatre	तैंतालीस	taintālīs
cinquanta	पचास	pachās
cinquantuno	इक्यावन	ikyāvan
cinquantadue	बावन	bāvan
cinquantatre	तिरपन	tirapan
sessanta	साठ	sāth
sessantuno	इकसठ	ikasath

sessantadue	बासठ	bāsath
sessantatre	तिरसठ	tirasath
settanta	सत्तर	sattar
settantuno	इकहत्तर	ikahattar
settantadue	बहत्तर	bahattar
settantatre	तिहत्तर	tihattar
ottanta	अस्सी	assī
ottantuno	इक्यासी	ikyāsī
ottantadue	बयासी	bayāsī
ottantatre	तिरासी	tirāsī
novanta	नब्बे	nabbe
novantuno	इक्यानवे	ikyānave
novantadue	बानवे	bānave
novantatre	तिरानवे	tirānave

8. Numeri cardinali. Parte 2

cento	सौ	sau
duecento	दो सौ	do sau
trecento	तीन सौ	tīn sau
quattrocento	चार सौ	chār sau
cinquecento	पाँच सौ	pānch sau
seicento	छह सौ	chhah sau
settecento	सात सो	sāt so
ottocento	आठ सौ	āth sau
novecento	नौ सौ	nau sau
mille	एक हज़ार	ek hazār
duemila	दो हज़ार	do hazār
tremila	तीन हज़ार	tīn hazār
diecimila	दस हज़ार	das hazār
centomila	एक लाख	ek lākh
milione (m)	दस लाख (m)	das lākh
miliardo (m)	अरब (m)	arab

9. Numeri ordinali

primo	पहला	pahala
secondo	दूसरा	dūsara
terzo	तीसरा	tīsara
quarto	चौथा	chautha
quinto	पाँचवाँ	pānchavān
sesto	छठा	chhatha
settimo	सातवाँ	sātavān
ottavo	आठवाँ	āthavān
nono	नौवाँ	nauvān
decimo	दसवाँ	dasavān

COLORI. UNITÀ DI MISURA

10. Colori

colore (m)	रंग (m)	rang
sfumatura (f)	रंग (m)	rang
tono (m)	रंग (m)	rang
arcobaleno (m)	इन्द्रधनुष (f)	indradhanush
bianco (agg)	सफ़ेद	safed
nero (agg)	काला	kāla
grigio (agg)	धूसर	dhūsar
verde (agg)	हरा	hara
giallo (agg)	पीला	pīla
rosso (agg)	लाल	lāl
blu (agg)	नीला	nīla
azzurro (agg)	हल्का नीला	halka nīla
rosa (agg)	गुलाबी	gulābī
arancione (agg)	नारंगी	nārangī
violetto (agg)	बैंगनी	bainganī
marrone (agg)	भूरा	bhūra
d'oro (agg)	सुनहरा	sunahara
argenteo (agg)	चांदी-जैसा	chāndī-jaisa
beige (agg)	हल्का भूरा	halka bhūra
color crema (agg)	क्रीम	krīm
turchese (agg)	फ़ीरोज़ी	fīrozī
rosso ciliegia (agg)	चेरी जैसा लाल	cherī jaisa lāl
lilla (agg)	हल्का बैंगनी	halka bainganī
rosso lampone (agg)	गहरा लाल	gahara lāl
chiaro (agg)	हल्का	halka
scuro (agg)	गहरा	gahara
vivo, vivido (agg)	चमकीला	chamakīla
colorato (agg)	रंगीन	rangīn
a colori	रंगीन	rangīn
bianco e nero (agg)	काला-सफ़ेद	kāla-safed
in tinta unita	एक रंग का	ek rang ka
multicolore (agg)	बहुरंगी	bahurangī

11. Unità di misura

peso (m)	वज़न (m)	vazan
lunghezza (f)	लम्बाई (f)	lambaī

larghezza (f)	चौड़ाई (f)	chauraī
altezza (f)	ऊंचाई (f)	ūnchaī
profondità (f)	गहराई (f)	gaharaī
volume (m)	घनत्व (f)	ghanatv
area (f)	क्षेत्रफल (m)	kshetrafal

grammo (m)	ग्राम (m)	grām
milligrammo (m)	मिलीग्राम (m)	milīgrām
chilogrammo (m)	किलोग्राम (m)	kilogrām
tonnellata (f)	टन (m)	tan
libbra (f)	पौण्ड (m)	paund
oncia (f)	औन्स (m)	auns

metro (m)	मीटर (m)	mītar
millimetro (m)	मिलीमीटर (m)	milīmītar
centimetro (m)	सेंटीमीटर (m)	sentīmītar
chilometro (m)	किलोमीटर (m)	kilomītar
miglio (m)	मील (m)	mīl

pollice (m)	इंच (m)	inch
piede (f)	फुट (m)	fut
iarda (f)	गज (m)	gaj

| metro (m) quadro | वर्ग मीटर (m) | varg mītar |
| ettaro (m) | हेक्टेयर (m) | hekteyar |

litro (m)	लीटर (m)	lītar
grado (m)	डिग्री (m)	digrī
volt (m)	वोल्ट (m)	volt
ampere (m)	ऐम्पेयर (m)	aimpeyar
cavallo vapore (m)	अश्व शक्ति (f)	ashv shakti

quantità (f)	मात्रा (f)	mātra
un po' di ...	कुछ ...	kuchh ...
metà (f)	आधा (m)	ādha
dozzina (f)	दर्जन (m)	darjan
pezzo (m)	टुकड़ा (m)	tukara

| dimensione (f) | माप (m) | māp |
| scala (f) (modello in ~) | पैमाना (m) | paimāna |

minimo (agg)	न्यूनतम	nyūnatam
minore (agg)	सब से छोटा	sab se chhota
medio (agg)	मध्य	madhy
massimo (agg)	अधिकतम	adhikatam
maggiore (agg)	सबसे बड़ा	sabase bara

12. Contenitori

barattolo (m) di vetro	शीशी (f)	shīshī
latta, lattina (f)	डिब्बा (m)	dibba
secchio (m)	बाल्टी (f)	bālṭī
barile (m), botte (f)	पीपा (m)	pīpa
catino (m)	चिलमची (f)	chilamchī

serbatoio (m) (per liquidi)	कुण्ड (m)	kund
fiaschetta (f)	फ्लास्क (m)	flāsk
tanica (f)	जेरिकैन (m)	jerikain
cisterna (f)	टंकी (f)	tankī
tazza (f)	मग (m)	mag
tazzina (f) (~ di caffé)	प्याली (f)	pyālī
piattino (m)	सॉसर (m)	sosar
bicchiere (m) (senza stelo)	गिलास (m)	gilās
calice (m)	वाइन गिलास (m)	vain gilās
casseruola (f)	सॉसपैन (m)	sosapain
bottiglia (f)	बोतल (f)	botal
collo (m) (~ della bottiglia)	गला (m)	gala
caraffa (f)	जग (m)	jag
brocca (f)	सुराही (f)	surāhī
recipiente (m)	बरतन (m)	baratan
vaso (m) di coccio	घड़ा (m)	ghara
vaso (m) di fiori	फूलदान (m)	fūladān
boccetta (f) (~ di profumo)	शीशी (f)	shīshī
fiala (f)	शीशी (f)	shīshī
tubetto (m)	ट्यूब (m)	tyūb
sacco (m) (~ di patate)	थैला (m)	thaila
sacchetto (m) (~ di plastica)	थैली (f)	thailī
pacchetto (m) (~ di sigarette, ecc.)	पैकेट (f)	paiket
scatola (f) (~ per scarpe)	डिब्बा (m)	dibba
cassa (f) (~ di vino, ecc.)	डिब्बा (m)	dibba
cesta (f)	टोकरी (f)	tokarī

I VERBI PIÙ IMPORTANTI

13. I verbi più importanti. Parte 1

accorgersi (vr)	देखना	dekhana
afferrare (vt)	पकड़ना	pakarana
affittare (dare in affitto)	किराए पर लेना	kirae par lena
aiutare (vt)	मदद करना	madad karana
amare (qn)	प्यार करना	pyār karana
andare (camminare)	जाना	jāna
annotare (vt)	लिख लेना	likh lena
appartenere (vi)	स्वामी होना	svāmī hona
aprire (vt)	खोलना	kholana
arrivare (vi)	पहुँचना	pahunchana
aspettare (vt)	इंतज़ार करना	intazār karana
avere (vt)	होना	hona
avere fame	भूख लगना	bhūkh lagana
avere fretta	जल्दी करना	jaldī karana
avere paura	डरना	darana
avere sete	प्यास लगना	pyās lagana
avvertire (vt)	चेतावनी देना	chetāvanī dena
cacciare (vt)	शिकार करना	shikār karana
cadere (vi)	गिरना	girana
cambiare (vt)	बदलना	badalana
capire (vt)	समझना	samajhana
cenare (vi)	रात्रिभोज करना	rātribhoj karana
cercare (vt)	तलाश करना	talāsh karana
cessare (vt)	बंद करना	band karana
chiedere (~ aiuto)	बुलाना	bulāna
chiedere (domandare)	पूछना	pūchhana
cominciare (vt)	शुरू करना	shurū karana
comparare (vt)	तुलना करना	tulana karana
confondere (vt)	गड़बड़ा जाना	garabara jāna
conoscere (qn)	जानना	jānana
conservare (vt)	रखना	rakhana
consigliare (vt)	सलाह देना	salāh dena
contare (calcolare)	गिनना	ginana
contare su …	भरोसा रखना	bharosa rakhana
continuare (vt)	जारी रखना	jārī rakhana
controllare (vt)	नियंत्रित करना	niyantrit karana
correre (vi)	दौड़ना	daurana
costare (vt)	दाम होना	dām hona
creare (vt)	बनाना	banāna
cucinare (vi)	खाना बनाना	khāna banāna

21

14. I verbi più importanti. Parte 2

dare (vt)	देना	dena
dare un suggerimento	इशारा करना	ishāra karana
decorare (adornare)	सजाना	sajāna
difendere (~ un paese)	रक्षा करना	raksha karana
dimenticare (vt)	भूलना	bhūlana
dire (~ la verità)	कहना	kahana
dirigere (compagnia, ecc.)	प्रबंधन करना	prabandhan karana
discutere (vt)	चर्चा करना	charcha karana
domandare (vt)	माँगना	māngana
dubitare (vi)	शक करना	shak karana
entrare (vi)	अंदर आना	andar āna
esigere (vt)	माँगना	māngana
esistere (vi)	होना	hona
essere (vi)	होना	hona
essere d'accordo	राज़ी होना	rāzī hona
fare (vt)	करना	karana
fare colazione	नाश्ता करना	nāshta karana
fare il bagno	तैरना	tairana
fermarsi (vr)	रुकना	rukana
fidarsi (vr)	यकीन करना	yakīn karana
finire (vt)	खत्म करना	khatm karana
firmare (~ un documento)	हस्ताक्षर करना	hastākshar karana
giocare (vi)	खेलना	khelana
girare (~ a destra)	मुड़ जाना	mur jāna
gridare (vi)	चिल्लाना	chillāna
indovinare (vt)	अंदाज़ा लगाना	andāza lagāna
informare (vt)	खबर देना	khabar dena
ingannare (vt)	धोखा देना	dhokha dena
insistere (vi)	आग्रह करना	āgrah karana
insultare (vt)	अपमान करना	apamān karana
interessarsi di ...	रुचि लेना	ruchi lena
invitare (vt)	आमंत्रित करना	āmantrit karana
lamentarsi (vr)	शिकायत करना	shikāyat karana
lasciar cadere	गिराना	girāna
lavorare (vi)	काम करना	kām karana
leggere (vi, vt)	पढ़ना	parhana
liberare (vt)	आज़ाद करना	āzād karana

15. I verbi più importanti. Parte 3

mancare le lezioni	ग़ैर-हाज़िर होना	gair-hāzir hona
mandare (vt)	भेजना	bhejana
menzionare (vt)	उल्लेख करना	ullekh karana
minacciare (vt)	धमकाना	dhamakāna

mostrare (vt)	दिखाना	dikhāna
nascondere (vt)	छिपाना	chhipāna
nuotare (vi)	तैरना	tairana
obiettare (vt)	एतराज़ करना	etarāz karana
occorrere (vimp)	आवश्यक होना	āvashyak hona
ordinare (~ il pranzo)	ऑर्डर करना	ordar karana
ordinare (mil.)	हुक्म देना	hukm dena
osservare (vt)	देखना	dekhana
pagare (vi, vt)	दाम चुकाना	dām chukāna
parlare (vi, vt)	बोलना	bolana
partecipare (vi)	भाग लेना	bhāg lena
pensare (vi, vt)	सोचना	sochana
perdonare (vt)	क्षमा करना	kshama karana
permettere (vt)	अनुमति देना	anumati dena
piacere (vi)	पसंद करना	pasand karana
piangere (vi)	रोना	rona
pianificare (vt)	योजना बनाना	yojana banāna
possedere (vt)	मालिक होना	mālik hona
potere (v aus)	सकना	sakana
pranzare (vi)	दोपहर का भोजन करना	dopahar ka bhojan karana
preferire (vt)	तरजीह देना	tarajīh dena
pregare (vi, vt)	दुआ देना	dua dena
prendere (vt)	लेना	lena
prevedere (vt)	उम्मीद करना	ummīd karana
promettere (vt)	वचन देना	vachan dena
pronunciare (vt)	उच्चारण करना	uchchāran karana
proporre (vt)	प्रस्ताव रखना	prastāv rakhana
punire (vt)	सज़ा देना	saza dena
raccomandare (vt)	सिफ़ारिश करना	sifārish karana
ridere (vi)	हंसना	hansana
rifiutarsi (vr)	इन्कार करना	inkār karana
rincrescere (vi)	अफ़सोस जताना	afasos jatāna
ripetere (ridire)	दोहराना	doharāna
riservare (vt)	बुक करना	buk karana
rispondere (vi, vt)	जवाब देना	javāb dena
rompere (spaccare)	तोड़ना	torana
rubare (~ i soldi)	चुराना	churāna

16. I verbi più importanti. Parte 4

salvare (~ la vita a qn)	बचाना	bachāna
sapere (vt)	मालूम होना	mālūm hona
sbagliare (vi)	गलती करना	galatī karana
scavare (vt)	खोदना	khodana
scegliere (vt)	चुनना	chunana
scendere (vi)	उतरना	utarana
scherzare (vi)	मज़ाक करना	mazāk karana

scrivere (vt)	लिखना	likhana
scusarsi (vr)	माफ़ी मांगना	māfī māngana
sedersi (vr)	बैठना	baithana
seguire (vt)	पीछे चलना	pīchhe chalana
sgridare (vt)	डाँटना	dāntana
significare (vt)	अर्थ होना	arth hona
sorridere (vi)	मुस्कुराना	muskurāna
sottovalutare (vt)	कम मूल्यांकन करना	kam mūlyānkan karana
sparare (vi)	गोली चलाना	golī chalāna
sperare (vi, vt)	आशा करना	āsha karana
spiegare (vt)	समझाना	samajhāna
studiare (vt)	पढ़ाई करना	parhaī karana
stupirsi (vr)	हैरान होना	hairān hona
tacere (vi)	चुप रहना	chup rahana
tentare (vt)	कोशिश करना	koshish karana
toccare (~ con le mani)	छूना	chhūna
tradurre (vt)	अनुवाद करना	anuvād karana
trovare (vt)	ढूँढना	dhūrhana
uccidere (vt)	मार डालना	mār dālana
udire (percepire suoni)	सुनना	sunana
unire (vt)	संयुक्त करना	sanyukt karana
uscire (vi)	बाहर जाना	bāhar jāna
vantarsi (vr)	डींग मारना	dīng mārana
vedere (vt)	देखना	dekhana
vendere (vt)	बेचना	bechana
volare (vi)	उड़ना	urana
volere (desiderare)	चाहना	chāhana

ORARIO. CALENDARIO

17. Giorni della settimana

lunedì (m)	सोमवार (m)	somavār
martedì (m)	मंगलवार (m)	mangalavār
mercoledì (m)	बुधवार (m)	budhavār
giovedì (m)	गुरूवार (m)	gurūvār
venerdì (m)	शुक्रवार (m)	shukravār
sabato (m)	शनिवार (m)	shanivār
domenica (f)	रविवार (m)	ravivār
oggi (avv)	आज	āj
domani	कल	kal
dopodomani	परसों	parason
ieri (avv)	कल	kal
l'altro ieri	परसों	parason
giorno (m)	दिन (m)	din
giorno (m) lavorativo	कार्यदिवस (m)	kāryadivas
giorno (m) festivo	सार्वजनिक छुट्टी (f)	sārvajanik chhuttī
giorno (m) di riposo	छुट्टी का दिन (m)	chhuttī ka din
fine (m) settimana	सप्ताहांत (m)	saptāhānt
tutto il giorno	सारा दिन	sāra din
l'indomani	अगला दिन	agala din
due giorni fa	दो दिन पहले	do din pahale
il giorno prima	एक दिन पहले	ek din pahale
quotidiano (agg)	दैनिक	dainik
ogni giorno	हर दिन	har din
settimana (f)	हफ़्ता (f)	hafata
la settimana scorsa	पिछले हफ़्ते	pichhale hafate
la settimana prossima	अगले हफ़्ते	agale hafate
settimanale (agg)	सप्ताहिक	saptāhik
ogni settimana	हर हफ़्ते	har hafate
due volte alla settimana	हफ़्ते में दो बार	hafate men do bār
ogni martedì	हर मंगलवार को	har mangalavār ko

18. Ore. Giorno e notte

mattina (f)	सुबह (m)	subah
di mattina	सुबह में	subah men
mezzogiorno (m)	दोपहर (m)	dopahar
nel pomeriggio	दोपहर में	dopahar men
sera (f)	शाम (m)	shām
di sera	शाम में	shām men

notte (f)	रात (f)	rāt
di notte	रात में	rāt men
mezzanotte (f)	आधी रात (f)	ādhī rāt
secondo (m)	सेकन्ड (m)	sekand
minuto (m)	मिनट (m)	minat
ora (f)	घंटा (m)	ghanta
mezzora (f)	आधा घंटा	ādha ghanta
un quarto d'ora	सवा	sava
quindici minuti	पंद्रह मीनट	pandrah mīnat
ventiquattro ore	24 घंटे (m)	chaubīs ghante
levata (f) del sole	सूर्योदय (m)	sūryoday
alba (f)	सूर्योदय (m)	sūryoday
mattutino (m)	प्रातःकाल (m)	prātahkāl
tramonto (m)	सूर्यास्त (m)	sūryāst
di buon mattino	सुबह-सवेरे	subah-savere
stamattina	इस सुबह	is subah
domattina	कल सुबह	kal subah
oggi pomeriggio	आज शाम	āj shām
nel pomeriggio	दोपहर में	dopahar men
domani pomeriggio	कल दोपहर	kal dopahar
stasera	आज शाम	āj shām
domani sera	कल रात	kal rāt
alle tre precise	ठीक तीन बजे में	thīk tīn baje men
verso le quattro	लगभग चार बजे	lagabhag chār baje
per le dodici	बारह बजे तक	bārah baje tak
fra venti minuti	बीस मीनट में	bīs mīnat men
fra un'ora	एक घंटे में	ek ghante men
puntualmente	ठीक समय पर	thīk samay par
un quarto di …	पौने … बजे	paune … baje
entro un'ora	एक घंटे के अंदर	ek ghante ke andar
ogni quindici minuti	हर पंद्रह मीनट	har pandrah mīnat
giorno e notte	दिन-रात (m pl)	din-rāt

19. Mesi. Stagioni

gennaio (m)	जनवरी (m)	janavarī
febbraio (m)	फ़रवरी (m)	faravarī
marzo (m)	मार्च (m)	mārch
aprile (m)	अप्रैल (m)	aprail
maggio (m)	माई (m)	maī
giugno (m)	जून (m)	jūn
luglio (m)	जुलाई (m)	julaī
agosto (m)	अगस्त (m)	agast
settembre (m)	सितम्बर (m)	sitambar
ottobre (m)	अक्तूबर (m)	aktūbar

| novembre (m) | नवम्बर (m) | navambar |
| dicembre (m) | दिसम्बर (m) | disambar |

primavera (f)	वसन्त (m)	vasant
in primavera	वसन्त में	vasant men
primaverile (agg)	वसन्त	vasant

estate (f)	गरमी (f)	garamī
in estate	गरमियों में	garamiyon men
estivo (agg)	गरमी	garamī

autunno (m)	शरद (m)	sharad
in autunno	शरद में	sharad men
autunnale (agg)	शरद	sharad

inverno (m)	सर्दी (f)	sardī
in inverno	सर्दियों में	sardiyon men
invernale (agg)	सर्दी	sardī

mese (m)	महीना (m)	mahīna
questo mese	इस महीने	is mahīne
il mese prossimo	अगले महीने	agale mahīne
il mese scorso	पिछले महीने	pichhale mahīne

un mese fa	एक महीने पहले	ek mahīne pahale
fra un mese	एक महीने में	ek mahīne men
fra due mesi	दो महीने में	do mahīne men
un mese intero	पूरे महीने	pūre mahīne
per tutto il mese	पूरे महीने	pūre mahīne

mensile (rivista ~)	मासिक	māsik
mensilmente	हर महीने	har mahīne
ogni mese	हर महीने	har mahīne
due volte al mese	महीने में दो बार	mahine men do bār

anno (m)	वर्ष (m)	varsh
quest'anno	इस साल	is sāl
l'anno prossimo	अगले साल	agale sāl
l'anno scorso	पिछले साल	pichhale sāl

un anno fa	एक साल पहले	ek sāl pahale
fra un anno	एक साल में	ek sāl men
fra due anni	दो साल में	do sāl men
un anno intero	पूरा साल	pūra sāl
per tutto l'anno	पूरा साल	pūra sāl

ogni anno	हर साल	har sāl
annuale (agg)	वार्षिक	vārshik
annualmente	वार्षिक	vārshik
quattro volte all'anno	साल में चार बार	sāl men chār bār

data (f) (~ di oggi)	तारीख़ (f)	tārīkh
data (f) (~ di nascita)	तारीख़ (f)	tārīkh
calendario (m)	कैलेन्डर (m)	kailendar
mezz'anno (m)	आधे वर्ष (m)	ādhe varsh
semestre (m)	छमाही (f)	chhamāhī

stagione (f) (estate, ecc.)	मौसम (m)	mausam
secolo (m)	शताब्दी (f)	shatābadī

VIAGGIO. HOTEL

20. Escursione. Viaggio

turismo (m)	पर्यटन (m)	paryatan
turista (m)	पर्यटक (m)	paryatak
viaggio (m) (all'estero)	यात्रा (f)	yātra
avventura (f)	जाँबाज़ी (f)	jānbāzī
viaggio (m) (corto)	यात्रा (f)	yātra
vacanza (f)	छुट्टी (f)	chhuttī
essere in vacanza	छुट्टी पर होना	chhuttī par hona
riposo (m)	आराम (m)	ārām
treno (m)	रेलगाड़ी, ट्रेन (f)	relagārī, tren
in treno	रैलगाड़ी से	railagārī se
aereo (m)	विमान (m)	vimān
in aereo	विमान से	vimān se
in macchina	कार से	kār se
in nave	जहाज़ पर	jahāz par
bagaglio (m)	सामान (m)	sāmān
valigia (f)	सूटकेस (m)	sūtakes
carrello (m)	सामान के लिये गाड़ी (f)	sāmān ke liye gārī
passaporto (m)	पासपोर्ट (m)	pāsaport
visto (m)	वीज़ा (m)	vīza
biglietto (m)	टिकट (m)	tikat
biglietto (m) aereo	हवाई टिकट (m)	havaī tikat
guida (f)	गाइडबुक (f)	gaidabuk
carta (f) geografica	नक्शा (m)	naksha
località (f)	क्षेत्र (m)	kshetr
luogo (m)	स्थान (m)	sthān
oggetti (m pl) esotici	विचित्र वस्तुएं	vichitr vastuen
esotico (agg)	विचित्र	vichitr
sorprendente (agg)	अजीब	ajīb
gruppo (m)	समूह (m)	samūh
escursione (f)	पर्यटन (f)	paryatan
guida (f) (cicerone)	गाइड (m)	gaid

21. Hotel

albergo (m)	होटल (f)	hotal
motel (m)	मोटल (m)	motal
tre stelle	तीन सितारा	tīn sitāra

cinque stelle	पाँच सितारा	pānch sitāra
alloggiare (vi)	ठहरना	thaharana
camera (f)	कमरा (m)	kamara
camera (f) singola	एक पलंग का कमरा (m)	ek palang ka kamara
camera (f) doppia	दो पलंगों का कमरा (m)	do palangon ka kamara
prenotare una camera	कमरा बुक करना	kamara buk karana
mezza pensione (f)	हाफ़-बोर्ड (m)	hāf-bord
pensione (f) completa	फ़ुल-बोर्ड (m)	ful-bord
con bagno	स्नानघर के साथ	snānaghar ke sāth
con doccia	शॉवर के साथ	shovar ke sāth
televisione (f) satellitare	सैटेलाइट टेलीविज़न (m)	saitelait telīvizan
condizionatore (m)	एयर-कंडिशनर (m)	eyar-kandishanar
asciugamano (m)	तौलिया (f)	tauliya
chiave (f)	चाबी (f)	chābī
amministratore (m)	मैनेजर (m)	mainejar
cameriera (f)	चैमबरमैड (f)	chaimabaramaid
portabagagli (m)	कुली (m)	kulī
portiere (m)	दरबान (m)	darabān
ristorante (m)	रेस्टराँ (m)	restarān
bar (m)	बार (m)	bār
colazione (f)	नाश्ता (m)	nāshta
cena (f)	रात्रिभोज (m)	rātribhoj
buffet (m)	बुफ़े (m)	bufe
hall (f) (atrio d'ingresso)	लॉबी (f)	lobī
ascensore (m)	लिफ़्ट (m)	lift
NON DISTURBARE	परेशान न करें	pareshān na karen
VIETATO FUMARE!	धूम्रपान निषेध!	dhumrapān nishedh!

22. Visita turistica

monumento (m)	स्मारक (m)	smārak
fortezza (f)	किला (m)	kila
palazzo (m)	भवन (m)	bhavan
castello (m)	महल (m)	mahal
torre (f)	मीनार (m)	mīnār
mausoleo (m)	समाधि (f)	samādhi
architettura (f)	वस्तुशाला (m)	vastushāla
medievale (agg)	मध्ययुगीय	madhayayugīy
antico (agg)	प्राचीन	prāchīn
nazionale (agg)	राष्ट्रीय	rāshtrīy
famoso (agg)	मशहूर	mashhūr
turista (m)	पर्यटक (m)	paryatak
guida (f)	गाइड (m)	gaid
escursione (f)	पर्यटन यात्रा (m)	paryatan yātra
fare vedere	दिखाना	dikhāna

raccontare (vt)	बताना	batāna
trovare (vt)	ढूँढना	dhūnrhana
perdersi (vr)	खो जाना	kho jāna
mappa (f) (~ della metropolitana)	नक्शा (m)	naksha
piantina (f) (~ della città)	नक्शा (m)	naksha
souvenir (m)	यादगार (m)	yādagār
negozio (m) di articoli da regalo	गिफ़्ट शॉप (f)	gift shop
fare foto	फ़ोटो खींचना	foto khīnchana
fotografarsi	अपना फ़ोटो खिंचवाना	apana foto khinchavāna

MEZZI DI TRASPORTO

23. Aeroporto

aeroporto (m)	हवाई अड्डा (m)	havaī adda
aereo (m)	विमान (m)	vimān
compagnia (f) aerea	हवाई कम्पनी (f)	havaī kampanī
controllore (m) di volo	हवाई यातायात नियंत्रक (m)	havaī yātāyāt niyantrak
partenza (f)	प्रस्थान (m)	prasthān
arrivo (m)	आगमन (m)	āgaman
arrivare (vi)	पहुंचना	pahunchana
ora (f) di partenza	उड़ान का समय (m)	urān ka samay
ora (f) di arrivo	आगमन का समय (m)	āgaman ka samay
essere ritardato	देर से आना	der se āna
volo (m) ritardato	उड़ान देरी (f)	urān derī
tabellone (m) orari	सूचना बोर्ड (m)	sūchana bord
informazione (f)	सूचना (f)	sūchana
annunciare (vt)	घोषणा करना	ghoshana karana
volo (m)	फ्लाइट (f)	flait
dogana (f)	सीमाशुल्क कार्यालय (m)	sīmāshulk kāryālay
doganiere (m)	सीमाशुल्क अधिकारी (m)	sīmāshulk adhikārī
dichiarazione (f)	सीमाशुल्क घोषणा (f)	sīmāshulk ghoshana
riempire una dichiarazione	सीमाशुल्क घोषणा भरना	sīmāshulk ghoshana bharana
controllo (m) passaporti	पासपोर्ट जांच (f)	pāsport jānch
bagaglio (m)	सामान (m)	sāmān
bagaglio (m) a mano	दस्ती सामान (m)	dastī sāmān
carrello (m)	सामान के लिये गाड़ी (f)	sāmān ke liye gārī
atterraggio (m)	विमानारोहण (m)	vimānārohan
pista (f) di atterraggio	विमानारोहण मार्ग (m)	vimānārohan mārg
atterrare (vi)	उतरना	utarana
scaletta (f) dell'aereo	सीढ़ी (f)	sīrhī
check-in (m)	चेक-इन (m)	chek-in
banco (m) del check-in	चेक-इन डेस्क (m)	chek-in desk
fare il check-in	चेक-इन करना	chek-in karana
carta (f) d'imbarco	बोर्डिंग पास (m)	bording pās
porta (f) d'imbarco	प्रस्थान गेट (m)	prasthān get
transito (m)	पारवहन (m)	pāravahan
aspettare (vt)	इंतज़ार करना	intazār karana
sala (f) d'attesa	प्रतीक्षालय (m)	pratīkshālay
accompagnare (vt)	विदा करना	vida karana
congedarsi (vr)	विदा कहना	vida kahana

24. Aeroplano

aereo (m)	विमान (m)	vimān
biglietto (m) aereo	हवाई टिकट (m)	havaī tikat
compagnia (f) aerea	हवाई कम्पनी (f)	havaī kampanī
aeroporto (m)	हवाई अड्डा (m)	havaī adda
supersonico (agg)	पराध्वनिक	parādhvanik
comandante (m)	कप्तान (m)	kaptān
equipaggio (m)	वैमानिक दल (m)	vaimānik dal
pilota (m)	विमान चालक (m)	vimān chālak
hostess (f)	एयर होस्टस (f)	eyar hostas
navigatore (m)	नैवीगेटर (m)	naivīgetar
ali (f pl)	पंख (m pl)	pankh
coda (f)	पूँछ (f)	pūnchh
cabina (f)	कॉकपिट (m)	kokapit
motore (m)	इंजन (m)	injan
carrello (m) d'atterraggio	हवाई जहाज़ पहिये (m)	havaī jahāz pahiye
turbina (f)	टरबाइन (f)	tarabain
elica (f)	प्रोपेलर (m)	propelar
scatola (f) nera	ब्लैक बॉक्स (m)	blaik boks
barra (f) di comando	कंट्रोल कॉलम (m)	kantrol kolam
combustibile (m)	ईंधन (m)	īndhan
safety card (f)	सुरक्षा-पत्र (m)	suraksha-patr
maschera (f) ad ossigeno	ऑक्सीजन मास्क (m)	oksījan māsk
uniforme (f)	वर्दी (f)	vardī
giubbotto (m) di salvataggio	बचाव पेटी (f)	bachāv petī
paracadute (m)	पैराशूट (m)	pairāshūt
decollo (m)	उड़ान (m)	urān
decollare (vi)	उड़ना	urana
pista (f) di decollo	उड़ान पट्टी (f)	urān pattī
visibilità (f)	दृश्यता (f)	drshyata
volo (m)	उड़ान (m)	urān
altitudine (f)	ऊंचाई (f)	ūnchaī
vuoto (m) d'aria	वायु-पॉकेट (m)	vāyu-poket
posto (m)	सीट (f)	sīt
cuffia (f)	हेडफ़ोन (m)	hedafon
tavolinetto (m) pieghevole	ट्रे टेबल (m)	tre tebal
oblò (m), finestrino (m)	हवाई जहाज़ की खिड़की (f)	havaī jahāz kī khirakī
corridoio (m)	गलियारा (m)	galiyāra

25. Treno

treno (m)	रेलगाड़ी, ट्रेन (f)	relagārī, tren
elettrotreno (m)	लोकल ट्रेन (f)	lokal tren
treno (m) rapido	तेज़ रेलगाड़ी (f)	tez relagārī
locomotiva (f) diesel	डीज़ल रेलगाड़ी (f)	dīzal relagārī

locomotiva (f) a vapore	स्टीम इंजन (f)	stīm injan
carrozza (f)	कोच (f)	koch
vagone (m) ristorante	डाइनर (f)	dainar

rotaie (f pl)	पटरियाँ (f)	patariyān
ferrovia (f)	रेलवे (f)	relave
traversa (f)	पटरियाँ (f)	patariyān

banchina (f) (~ ferroviaria)	प्लेटफॉर्म (m)	pletaform
binario (m) (~ 1, 2)	प्लेटफॉर्म (m)	pletaform
semaforo (m)	सिग्नल (m)	signal
stazione (f)	स्टेशन (m)	steshan

macchinista (m)	इंजन ड्राइवर (m)	injan draivar
portabagagli (m)	कुली (m)	kulī
cuccettista (m, f)	कोच एटेंडेंट (m)	koch etendent
passeggero (m)	मुसाफ़िर (m)	musāfir
controllore (m)	टीटी (m)	ṭīṭī

corridoio (m)	गलियारा (m)	galiyāra
freno (m) di emergenza	आपात ब्रेक (m)	āpāt brek

scompartimento (m)	डिब्बा (m)	dibba
cuccetta (f)	बर्थ (f)	barth
cuccetta (f) superiore	ऊपरी बर्थ (f)	ūparī barth
cuccetta (f) inferiore	नीचली बर्थ (f)	nīchalī barth
biancheria (f) da letto	बिस्तर (m)	bistar

biglietto (m)	टिकट (m)	tikat
orario (m)	टाइम टैबुल (m)	taim taibul
tabellone (m) orari	सूचना बोर्ड (m)	sūchana bord

partire (vi)	चले जाना	chale jāna
partenza (f)	रवानगी (f)	ravānagī
arrivare (di un treno)	पहुंचना	pahunchana
arrivo (m)	आगमन (m)	āgaman

arrivare con il treno	गाड़ी से पहुंचना	gāṛī se pahunchana
salire sul treno	गाड़ी पकड़ना	gāḍī pakarana
scendere dal treno	गाड़ी से उतरना	gārī se utarana

deragliamento (m)	दुर्घटनाग्रस्त (f)	durghatanāgrast
locomotiva (f) a vapore	स्टीम इंजन (m)	stīm injan
fuochista (m)	अग्निशामक (m)	agnishāmak
forno (m)	भट्ठी (f)	bhatthī
carbone (m)	कोयला (m)	koyala

26. Nave

nave (f)	जहाज़ (m)	jahāz
imbarcazione (f)	जहाज़ (m)	jahāz

piroscafo (m)	जहाज़ (m)	jahāz
barca (f) fluviale	मोटर बोट (m)	motar bot

| transatlantico (m) | लाइनर (m) | lainar |
| incrociatore (m) | क्रूज़र (m) | krūzar |

yacht (m)	याख़्ट (m)	yākht
rimorchiatore (m)	कर्षक पोत (m)	karshak pot
chiatta (f)	बार्ज (f)	bārj
traghetto (m)	फेरी बोट (f)	ferī bot

| veliero (m) | पाल नाव (f) | pāl nāv |
| brigantino (m) | बादबानी (f) | bādabānī |

| rompighiaccio (m) | हिमभंजक पोत (m) | himabhanjak pot |
| sottomarino (m) | पनडुब्बी (f) | panadubbī |

barca (f)	नाव (m)	nāv
scialuppa (f)	किश्ती (f)	kishtī
scialuppa (f) di salvataggio	जीवन रक्षा किश्ती (f)	jīvan raksha kishtī
motoscafo (m)	मोटर बोट (m)	motar bot

capitano (m)	कसान (m)	kaptān
marittimo (m)	मल्लाह (m)	mallāh
marinaio (m)	मल्लाह (m)	mallāh
equipaggio (m)	वैमानिक दल (m)	vaimānik dal

nostromo (m)	बोसुन (m)	bosun
mozzo (m) di nave	बोसुन (m)	bosun
cuoco (m)	रसोईया (m)	rasoiya
medico (m) di bordo	पोत डाक्टर (m)	pot dāktar

ponte (m)	डेक (m)	dek
albero (m)	मस्तूल (m)	mastūl
vela (f)	पाल (m)	pāl

stiva (f)	कार्गी (m)	kārgo
prua (f)	जहाज़ का अगड़ा हिस्सा (m)	jahāz ka agara hissa
poppa (f)	जहाज़ का पिछला हिस्सा (m)	jahāz ka pichhala hissa
remo (m)	चप्पू (m)	chappū
elica (f)	जहाज़ की पंखी चलाने का पेंच (m)	jahāz kī pankhī chalāne ka pench

cabina (f)	कैबिन (m)	kaibin
quadrato (m) degli ufficiali	मेस (f)	mes
sala (f) macchine	मशीन-कमरा (m)	mashīn-kamara
ponte (m) di comando	ब्रिज (m)	brij
cabina (f) radiotelegrafica	रेडियो केबिन (m)	rediyo kebin
onda (f)	रेडियो तरंग (f)	rediyo tarang
giornale (m) di bordo	जहाज़ी रजिस्टर (m)	jahāzī rajistar

cannocchiale (m)	टेलिस्कोप (m)	teliskop
campana (f)	घंटा (m)	ghanta
bandiera (f)	झंडा (m)	jhanda

cavo (m) (~ d'ormeggio)	रस्सा (m)	rassa
nodo (m)	जहाज़ी गांठ (f)	jahāzī gānth
ringhiera (f)	रेलिंग (f)	reling
passerella (f)	सीढ़ी (f)	sīrhī

ancora (f)	लंगर (m)	langar
levare l'ancora	लंगर उठाना	langar uthāna
gettare l'ancora	लंगर डालना	langar dālana
catena (f) dell'ancora	लंगर की ज़ंजीर (f)	langar kī zajīr
porto (m)	बंदरगाह (m)	bandaragāh
banchina (f)	घाट (m)	ghāt
ormeggiarsi (vr)	किनारे लगना	kināre lagana
salpare (vi)	रवाना होना	ravāna hona
viaggio (m)	यात्रा (f)	yātra
crociera (f)	जलयात्रा (f)	jalayātra
rotta (f)	दिशा (f)	disha
itinerario (m)	मार्ग (m)	mārg
tratto (m) navigabile	नाव्य जलपथ (m)	nāvy jalapath
secca (f)	छिछला पानी (m)	chhichhala pānī
arenarsi (vr)	छिछले पानी में धसना	chhichhale pānī men dhansana
tempesta (f)	तूफ़ान (m)	tufān
segnale (m)	सिग्नल (m)	signal
affondare (andare a fondo)	डूबना	dūbana
SOS	एसओएस	esoes
salvagente (m) anulare	लाइफ़ ब्वाय (m)	laif bvāy

CITTÀ

27. Mezzi pubblici in città

autobus (m)	बस (f)	bas
tram (m)	ट्रैम (m)	traim
filobus (m)	ट्रॉलीबस (f)	trolības
itinerario (m)	मार्ग (m)	mārg
numero (m)	नम्बर (m)	nambar
andare in ...	के माध्यम से जाना	ke mādhyam se jāna
salire (~ sull'autobus)	सवार होना	savār hona
scendere da ...	उतरना	utarana
fermata (f) (~ dell'autobus)	बस स्टॉप (m)	bas stop
prossima fermata (f)	अगला स्टॉप (m)	agala stop
capolinea (m)	अंतिम स्टेशन (m)	antim steshan
orario (m)	समय सारणी (f)	samay sāranī
aspettare (vt)	इंतज़ार करना	intazār karana
biglietto (m)	टिकट (m)	tikat
prezzo (m) del biglietto	टिकट का किराया (m)	tikat ka kirāya
cassiere (m)	कैशियर (m)	kaishiyar
controllo (m) dei biglietti	टिकट जाँच (f)	tikat jānch
bigliettaio (m)	कंडक्टर (m)	kandaktar
essere in ritardo	देर हो जाना	der ho jāna
perdere (~ il treno)	छूट जाना	chhūt jāna
avere fretta	जल्दी में रहना	jaldī men rahana
taxi (m)	टैक्सी (m)	taiksī
taxista (m)	टैक्सीवाला (m)	taiksīvāla
in taxi	टैक्सी से (m)	taiksī se
parcheggio (m) di taxi	टैक्सी स्टैंड (m)	taiksī staind
chiamare un taxi	टैक्सी बुलाना	taiksī bulāna
prendere un taxi	टैक्सी लेना	taiksī lena
traffico (m)	यातायात (f)	yātāyāt
ingorgo (m)	ट्रैफ़िक जाम (m)	traifik jām
ore (f pl) di punta	भीड़ का समय (m)	bhīr ka samay
parcheggiarsi (vr)	पार्क करना	pārk karana
parcheggiare (vt)	पार्क करना	pārk karana
parcheggio (m)	पार्किंग (f)	pārking
metropolitana (f)	मेट्रो (m)	metro
stazione (f)	स्टेशन (m)	steshan
prendere la metropolitana	मेट्रो लेना	metro lena
treno (m)	रेलगाड़ी, ट्रेन (f)	relagārī, tren
stazione (f) ferroviaria	स्टेशन (m)	steshan

28. Città. Vita di città

città (f)	नगर (m)	nagar
capitale (f)	राजधानी (f)	rājadhānī
villaggio (m)	गांव (m)	gānv
mappa (f) della città	नगर का नक्शा (m)	nagar ka naksha
centro (m) della città	नगर का केन्द्र (m)	nagar ka kendr
sobborgo (m)	उपनगर (m)	upanagar
suburbano (agg)	उपनगरिक	upanagarik
periferia (f)	बाहरी इलाका (m)	bāharī ilāka
dintorni (m pl)	इर्दगिर्द के इलाके (m pl)	irdagird ke ilāke
isolato (m)	सेक्टर (m)	sektar
quartiere residenziale	मुहल्ला (m)	muhalla
traffico (m)	यातायात (f)	yātāyāt
semaforo (m)	यातायात सिग्नल (m)	yātāyāt signal
trasporti (m pl) urbani	जन परिवहन (m)	jan parivahan
incrocio (m)	चौराहा (m)	chaurāha
passaggio (m) pedonale	ज़ेबरा क्रॉसिंग (f)	zebara krosing
sottopassaggio (m)	पैदल यात्रियों के लिए अंडरपास (f)	paidal yātriyon ke lie andarapās
attraversare (vt)	सड़क पार करना	sarak pār karana
pedone (m)	पैदल-यात्री (m)	paidal-yātrī
marciapiede (m)	फुटपाथ (m)	futapāth
ponte (m)	पुल (m)	pul
banchina (f)	तट (m)	tat
fontana (f)	फौवारा (m)	fauvāra
vialetto (m)	छायापथ (f)	chhāyāpath
parco (m)	पार्क (m)	pārk
boulevard (m)	चौड़ी सड़क (m)	chaurī sarak
piazza (f)	मैदान (m)	maidān
viale (m), corso (m)	मार्ग (m)	mārg
via (f), strada (f)	सड़क (f)	sarak
vicolo (m)	गली (f)	galī
vicolo (m) cieco	बंद गली (f)	band galī
casa (f)	मकान (m)	makān
edificio (m)	इमारत (f)	imārat
grattacielo (m)	गगनचुंबी भवन (f)	gaganachumbī bhavan
facciata (f)	अगवाड़ा (m)	agavāra
tetto (m)	छत (f)	chhat
finestra (f)	खिड़की (f)	khirakī
arco (m)	मेहराब (m)	meharāb
colonna (f)	स्तंभ (m)	stambh
angolo (m)	कोना (m)	kona
vetrina (f)	दुकान का शो-केस (m)	dukān ka sho-kes
insegna (f) (di negozi, ecc.)	साईनबोर्ड (m)	saīnabord
cartellone (m)	पोस्टर (m)	postar

cartellone (m) pubblicitario	विज्ञापन पोस्टर (m)	vigyāpan postar
tabellone (m) pubblicitario	बिलबोर्ड (m)	bilabord
pattume (m), spazzatura (f)	कूड़ा (m)	kūra
pattumiera (f)	कूड़े का डिब्बा (m)	kūre ka dibba
sporcare (vi)	कूड़ा-कर्कट डालना	kūra-karkat dālana
discarica (f) di rifiuti	डम्पिंग ग्राउंड (m)	damping graund
cabina (f) telefonica	फ़ोन बूथ (m)	fon būth
lampione (m)	बिजली का खंभा (m)	bijalī ka khambha
panchina (f)	पार्क-बेंच (f)	pārk-bench
poliziotto (m)	पुलिसवाला (m)	pulisavāla
polizia (f)	पुलिस (m)	pulis
mendicante (m)	भिखारी (m)	bhikhārī
barbone (m)	बेघर (m)	beghar

29. Servizi cittadini

negozio (m)	दुकान (f)	dukān
farmacia (f)	दवाख़ाना (m)	davākhāna
ottica (f)	चश्मे की दुकान (f)	chashme kī dukān
centro (m) commerciale	शॉपिंग मॉल (m)	shoping mol
supermercato (m)	सुपर बाज़ार (m)	supar bāzār
panetteria (f)	बेकरी (f)	bekarī
fornaio (m)	बेकर (m)	bekar
pasticceria (f)	टॉफ़ी की दुकान (f)	tofī kī dukān
drogheria (f)	परचून की दुकान (f)	parachūn kī dukān
macelleria (f)	गोश्त की दुकान (f)	gosht kī dukān
fruttivendolo (m)	सब्ज़ियों की दुकान (f)	sabziyon kī dukān
mercato (m)	बाज़ार (m)	bāzār
caffè (m)	काफ़ी हाउस (m)	kāfī haus
ristorante (m)	रेस्टराँ (m)	restarān
birreria (f), pub (m)	शराबख़ाना (m)	sharābakhāna
pizzeria (f)	पिट्ज़ा की दुकान (f)	pitza kī dukān
salone (m) di parrucchiere	नाई की दुकान (f)	naī kī dukān
ufficio (m) postale	डाकघर (m)	dākaghar
lavanderia (f) a secco	ड्राइक्लीनर (m)	draiklīnar
studio (m) fotografico	फ़ोटो की दुकान (f)	foto kī dukān
negozio (m) di scarpe	जूते की दुकान (f)	jūte kī dukān
libreria (f)	किताबों की दुकान (f)	kitābon kī dukān
negozio (m) sportivo	खेलकूद की दुकान (f)	khelakūd kī dukān
riparazione (f) di abiti	कपड़ों की मरम्मत की दुकान (f)	kaparon kī marammat kī dukān
noleggio (m) di abiti	कपड़ों को किराए पर देने की दुकान (f)	kaparon ko kirae par dene kī dukān
noleggio (m) di film	वीडियो रेन्टल दुकान (f)	vīdiyo rental dukān
circo (m)	सर्कस (m)	sarkas

zoo (m)	चिड़ियाघर (m)	chiriyāghar
cinema (m)	सिनेमाघर (m)	sinemāghar
museo (m)	संग्रहालय (m)	sangrahālay
biblioteca (f)	पुस्तकालय (m)	pustakālay

teatro (m)	रंगमंच (m)	rangamanch
teatro (m) dell'opera	ओपेरा (m)	opera
locale notturno (m)	नाईट क्लब (m)	naīt klab
casinò (m)	केसिनो (m)	kesino

moschea (f)	मस्जिद (m)	masjid
sinagoga (f)	सीनागोग (m)	sīnāgog
cattedrale (f)	गिरजाघर (m)	girajāghar
tempio (m)	मंदिर (m)	mandir
chiesa (f)	गिरजाघर (m)	girajāghar

istituto (m)	कॉलेज (m)	kolej
università (f)	विश्वविद्यालय (m)	vishvavidyālay
scuola (f)	विद्यालय (m)	vidyālay

prefettura (f)	प्रशासक प्रान्त (m)	prashāsak prānt
municipio (m)	सिटी हॉल (m)	sitī hol
albergo, hotel (m)	होटल (f)	hotal
banca (f)	बैंक (m)	baink

ambasciata (f)	दूतावस (m)	dūtāvas
agenzia (f) di viaggi	पर्यटन आफ़िस (m)	paryatan āfis
ufficio (m) informazioni	पूछताछ कार्यालय (m)	pūchhatāchh kāryālay
ufficio (m) dei cambi	मुद्रालय (m)	mudrālay

| metropolitana (f) | मेट्रो (m) | metro |
| ospedale (m) | अस्पताल (m) | aspatāl |

| distributore (m) di benzina | पेट्रोल पम्प (f) | petrol pamp |
| parcheggio (m) | पार्किंग (f) | pārking |

30. Cartelli

insegna (f) (di negozi, ecc.)	साईनबोर्ड (m)	saīnabord
iscrizione (f)	दुकान का साईन (m)	dukān ka saīn
cartellone (m)	पोस्टर (m)	postar
segnale (m) di direzione	दिशा संकेतक (m)	disha sanketak
freccia (f)	तीर दिशा संकेतक (m)	tīr disha sanketak

avvertimento (m)	चेतावनी (f)	chetāvanī
avviso (m)	चेतावनी संकेतक (m)	chetāvanī sanketak
avvertire, avvisare (vt)	चेतावनी देना	chetāvanī dena

giorno (m) di riposo	छुट्टी का दिन (m)	chhuttī ka din
orario (m)	समय सारणी (f)	samay sāranī
orario (m) di apertura	खुलने का समय (m)	khulane ka samay

| BENVENUTI! | आपका स्वागत है! | āpaka svāgat hai! |
| ENTRATA | प्रवेश | pravesh |

USCITA	निकास	nikās
SPINGERE	धक्का दें	dhakka den
TIRARE	खींचे	khīnche
APERTO	खुला	khula
CHIUSO	बंद	band
DONNE	औरतों के लिये	auraton ke liye
UOMINI	आदमियों के लिये	ādamiyon ke liye
SCONTI	डिस्काउन्ट	diskaunt
SALDI	सेल	sel
NOVITÀ!	नया!	naya!
GRATIS	मुफ्त	muft
ATTENZIONE!	ध्यान दें!	dhyān den!
COMPLETO	कोई जगह खाली नहीं है	koī jagah khālī nahin hai
RISERVATO	रिज़र्वड	rizarvad
AMMINISTRAZIONE	प्रशासन	prashāsan
RISERVATO	केवल कर्मचारियों के लिए	keval karmachāriyon ke lie
AL PERSONALE		
ATTENTI AL CANE	कुत्ते से सावधान!	kutte se sāvadhān!
VIETATO FUMARE!	धुम्रपान निषेध!	dhumrapān nishedh!
NON TOCCARE	छूना मना!	chhūna mana!
PERICOLOSO	खतरा	khatara
PERICOLO	खतरा	khatara
ALTA TENSIONE	उच्च वोल्टेज	uchch voltej
DIVIETO DI BALNEAZIONE	तैरना मना!	tairana mana!
GUASTO	ख़राब	kharāb
INFIAMMABILE	ज्वलनशील	jvalanashīl
VIETATO	निषिद्ध	nishiddh
VIETATO L'INGRESSO	प्रवेश निषेध!	pravesh nishedh!
VERNICE FRESCA	गीला पेंट	gīla pent

31. Acquisti

comprare (vt)	खरीदना	kharīdana
acquisto (m)	खरीदारी (f)	kharīdārī
fare acquisti	खरीदारी करने जाना	kharīdārī karane jāna
shopping (m)	खरीदारी (f)	kharīdārī
essere aperto (negozio)	खुला होना	khula hona
essere chiuso	बन्द होना	band hona
calzature (f pl)	जूता (m)	jūta
abbigliamento (m)	पोशाक (m)	poshāk
cosmetica (f)	श्रृंगार-सामग्री (f)	shrrngār-sāmagrī
alimentari (m pl)	खाने-पीने की चीज़ें (f pl)	khāne-pīne kī chīzen
regalo (m)	उपहार (m)	upahār
commesso (m)	बेचनेवाला (m)	bechanevāla
commessa (f)	बेचनेवाली (f)	bechanevālī

cassa (f)	कैश-काउन्टर (m)	kaish-kauntar
specchio (m)	आईना (m)	āīna
banco (m)	काउन्टर (m)	kauntar
camerino (m)	ट्राई करने का कमरा (m)	traī karane ka kamara
provare (~ un vestito)	ट्राई करना	traī karana
stare bene (vestito)	फिटिंग करना	fiting karana
piacere (vi)	पसंद करना	pasand karana
prezzo (m)	दाम (m)	dām
etichetta (f) del prezzo	प्राइस टैग (m)	prais taig
costare (vt)	दाम होना	dām hona
Quanto?	कितना?	kitana?
sconto (m)	डिस्काउन्ट (m)	diskaunt
no muy caro (agg)	सस्ता	sasta
a buon mercato	सस्ता	sasta
caro (agg)	महंगा	mahanga
È caro	यह महंगा है	yah mahanga hai
noleggio (m)	रेन्टल (m)	rental
noleggiare (~ un abito)	किराए पर लेना	kirae par lena
credito (m)	क्रेडिट (m)	kredit
a credito	क्रेडिट पर	kredit par

ABBIGLIAMENTO E ACCESSORI

32. Indumenti. Soprabiti

vestiti (m pl)	कपड़े (m)	kapare
soprabito (m)	बाहरी पोशाक (m)	bāharī poshāk
abiti (m pl) invernali	सर्दियों की पोशक (f)	sardiyon kī poshak
cappotto (m)	ओवरकोट (m)	ovarakot
pelliccia (f)	फरकोट (m)	farakot
pellicciotto (m)	फ़र की जैकेट (f)	far kī jaiket
piumino (m)	फ़ेदर कोट (m)	fedar kot
giubbotto (m), giaccha (f)	जैकेट (f)	jaiket
impermeabile (m)	बरसाती (f)	barasātī
impermeabile (agg)	जलरोधक	jalarodhak

33. Abbigliamento uomo e donna

camicia (f)	कमीज़ (f)	kamīz
pantaloni (m pl)	पैंट (m)	paint
jeans (m pl)	जीन्स (m)	jīns
giacca (f) (~ di tweed)	कोट (m)	kot
abito (m) da uomo	सूट (m)	sūt
abito (m)	फ़्रॉक (f)	frok
gonna (f)	स्कर्ट (f)	skart
camicetta (f)	ब्लाउज़ (f)	blauz
giacca (f) a maglia	कार्डिगन (f)	kārdigan
giacca (f) tailleur	जैकेट (f)	jaiket
maglietta (f)	टी-शर्ट (f)	tī-shart
pantaloni (m pl) corti	शोर्ट्स (m pl)	shorts
tuta (f) sportiva	ट्रैक सूट (m)	traik sūt
accappatoio (m)	बाथ रोब (m)	bāth rob
pigiama (m)	पजामा (m)	pajāma
maglione (m)	सूदर (m)	sūtar
pullover (m)	पुलोवर (m)	pulovar
gilè (m)	बण्डी (m)	bandī
frac (m)	टेल-कोट (m)	tel-kot
smoking (m)	डिनर-जैकेट (f)	dinar-jaiket
uniforme (f)	वर्दी (f)	vardī
tuta (f) da lavoro	वर्दी (f)	vardī
salopette (f)	ओवरऑल्स (m)	ovarols
camice (m) (~ del dottore)	कोट (m)	kot

34. Abbigliamento. Biancheria intima

biancheria (f) intima	अंगवस्त्र (m)	angavastr
maglietta (f) intima	बनियान (f)	baniyān
calzini (m pl)	मोज़े (m pl)	moze
camicia (f) da notte	नाइट गाउन (m)	nait gaun
reggiseno (m)	ब्रा (f)	bra
calzini (m pl) alti	घुटनों तक के मोज़े (m)	ghutanon tak ke moze
collant (m)	टाइट्स (m pl)	taits
calze (f pl)	स्टॉकिंग (m pl)	stāking
costume (m) da bagno	स्विम सूट (m)	svim sūt

35. Copricapo

cappello (m)	टोपी (f)	topī
cappello (m) di feltro	हैट (f)	hait
cappello (m) da baseball	बेस्बॉल कैप (f)	baisbol kaip
coppola (f)	फ्लैट कैप (f)	flait kaip
basco (m)	बेरेट (m)	beret
cappuccio (m)	हूड (m)	hūd
panama (m)	पनामा हैट (m)	panāma hait
berretto (m) a maglia	बुनी हुई टोपी (f)	bunī huī topī
fazzoletto (m) da capo	सिर का स्कार्फ़ (m)	sir ka skārf
cappellino (m) donna	महिलाओं की टोपी (f)	mahilaon kī topī
casco (m) (~ di sicurezza)	हेलमेट (f)	helamet
bustina (f)	पुलिसीया टोपी (f)	pulisīya topī
casco (m) (~ moto)	हेलमेट (f)	helamet
bombetta (f)	बॉलर हैट (m)	bolar hait
cilindro (m)	टॉप हैट (m)	top hait

36. Calzature

calzature (f pl)	पनही (f)	panahī
stivaletti (m pl)	जूते (m pl)	jūte
scarpe (f pl)	जूते (m pl)	jūte
stivali (m pl)	बूट (m pl)	būt
pantofole (f pl)	चप्पल (f pl)	chappal
scarpe (f pl) da tennis	टेनिस के जूते (m)	tenis ke jūte
scarpe (f pl) da ginnastica	स्नीकर्स (m)	snīkars
sandali (m pl)	सैन्डल (f)	saindal
calzolaio (m)	मोची (m)	mochī
tacco (m)	एड़ी (f)	erī
paio (m)	जोड़ा (m)	jora
laccio (m)	जूते का फ़ीता (m)	jūte ka fīta

allacciare (vt)	फ़ीता बाँधना	fīta bāndhana
calzascarpe (m)	शू-होर्न (m)	shū-horn
lucido (m) per le scarpe	बूट-पालिश (m)	būt-pālish

37. Accessori personali

guanti (m pl)	दस्ताने (m pl)	dastāne
manopole (f pl)	दस्ताने (m pl)	dastāne
sciarpa (f)	मफ़लर (m)	mafalar

occhiali (m pl)	ऐनक (m pl)	ainak
montatura (f)	चश्मे का फ्रेम (m)	chashme ka frem
ombrello (m)	छतरी (f)	chhatarī
bastone (m)	छड़ी (f)	chharī
spazzola (f) per capelli	ब्रश (m)	brash
ventaglio (m)	पंखा (m)	pankha

cravatta (f)	टाई (f)	taī
cravatta (f) a farfalla	बो टाई (f)	bo taī
bretelle (f pl)	पतलून बाँधने का फ़ीता (m)	patalūn bāndhane ka fīta
fazzoletto (m)	रूमाल (m)	rūmāl

pettine (m)	कंघा (m)	kangha
fermaglio (m)	बालपिन (f)	bālapin
forcina (f)	हेयरक्लीप (f)	heyaraklīp
fibbia (f)	बकसुआ (m)	bakasua

| cintura (f) | बेल्ट (m) | belt |
| spallina (f) | कंधे का पट्टा (m) | kandhe ka patta |

borsa (f)	बैग (m)	baig
borsetta (f)	पर्स (m)	pars
zaino (m)	बैकपैक (m)	baikapaik

38. Abbigliamento. Varie

moda (f)	फ़ैशन (m)	faishan
di moda	प्रचलन में	prachalan men
stilista (m)	फ़ैशन डिज़ाइनर (m)	faishan dizainar

collo (m)	कॉलर (m)	kolar
tasca (f)	जेब (m)	jeb
tascabile (agg)	जेब	jeb
manica (f)	आस्तीन (f)	āstīn
asola (f) per appendere	हैंगिंग लूप (f)	hainging lūp
patta (f) (~ dei pantaloni)	ज़िप (f)	zip

cerniera (f) lampo	ज़िप (f)	zip
chiusura (f)	हुक (m)	huk
bottone (m)	बटन (m)	batan
occhiello (m)	बटन का काज (m)	batan ka kāj
staccarsi (un bottone)	निकल जाना	nikal jāna

cucire (vi, vt)	सीना	sīna
ricamare (vi, vt)	काढ़ना	kārhana
ricamo (m)	कढ़ाई (f)	karhaī
ago (m)	सूई (f)	sūī
filo (m)	धागा (m)	dhāga
cucitura (f)	सीवन (m)	sīvan

sporcarsi (vr)	मैला होना	maila hona
macchia (f)	धब्बा (m)	dhabba
sgualcirsi (vr)	शिकन पड़ जाना	shikan par jāna
strappare (vt)	फट जाना	fat jāna
tarma (f)	कपड़ों के कीड़े (m)	kaparon ke kīre

39. Cura della persona. Cosmetici

dentifricio (m)	टूथपेस्ट (m)	tūthapest
spazzolino (m) da denti	टूथब्रश (m)	tūthabrash
lavarsi i denti	दाँत साफ़ करना	dānt sāf karana

rasoio (m)	रेज़र (f)	rezar
crema (f) da barba	हजामत का क्रीम (m)	hajāmat ka krīm
rasarsi (vr)	शेव करना	shev karana

| sapone (m) | साबुन (m) | sābun |
| shampoo (m) | शैम्पू (m) | shaimpū |

forbici (f pl)	कैंची (f pl)	kainchī
limetta (f)	नाख़ून घिसनी (f)	nākhūn ghisanī
tagliaunghie (m)	नाख़ून कतरनी (f)	nākhūn kataranī
pinzette (f pl)	ट्वीज़र्स (f)	tvīzars

cosmetica (f)	श्रृंगार-सामग्री (f)	shrrngār-sāmagrī
maschera (f) di bellezza	चेहरे का लेप (m)	chehare ka lep
manicure (m)	मैनीक्योर (m)	mainīkyor
fare la manicure	मैनीक्योर करवाना	mainīkyor karavāna
pedicure (m)	पेडिक्योर (m)	pedikyūr

borsa (f) del trucco	श्रृंगार थैली (f)	shrrngār thailī
cipria (f)	पाउडर (m)	paudar
portacipria (m)	कॉम्पैक्ट पाउडर (m)	kompaikt paudar
fard (m)	ब्लशर (m)	blashar

profumo (m)	ख़ुशबू (f)	khushabū
acqua (f) da toeletta	टॉयलेट वॉटर (m)	tāyalet votar
lozione (f)	लोशन (m)	loshan
acqua (f) di Colonia	कोलोन (m)	kolon

ombretto (m)	आई-शैडो (m)	āī-shaido
eyeliner (m)	आई-पेंसिल (f)	āī-pensil
mascara (m)	मस्कारा (m)	maskāra

rossetto (m)	लिपस्टिक (m)	lipastik
smalto (m)	नेल पॉलिश (f)	nel polish
lacca (f) per capelli	हेयर स्प्रे (m)	heyar spre

deodorante (m)	डिओडरेन्ट (m)	diodarent
crema (f)	क्रीम (m)	krīm
crema (f) per il viso	चेहरे की क्रीम (f)	chehare kī krīm
crema (f) per le mani	हाथ की क्रीम (f)	hāth kī krīm
crema (f) antirughe	एंटी रिंकल क्रीम (f)	entī rinkal krīm
da giorno	दिन का	din ka
da notte	रात का	rāt ka
tampone (m)	टैम्पन (m)	taimpan
carta (f) igienica	टॉयलेट पेपर (m)	toyalet pepar
fon (m)	हेयर ड्रायर (m)	heyar drāyar

40. Orologi da polso. Orologio

orologio (m) (~ da polso)	घड़ी (f pl)	gharī
quadrante (m)	डायल (m)	dāyal
lancetta (f)	सुई (f)	suī
braccialetto (m)	धातु से बनी घड़ी का पट्टा (m)	dhātu se banī gharī ka patta
cinturino (m)	घड़ी का पट्टा (m)	gharī ka patta
pila (f)	बैटेरी (f)	baiterī
essere scarico	ख़त्म हो जाना	khatm ho jāna
cambiare la pila	बैटेरी बदलना	baiterī badalana
andare avanti	तेज़ चलना	tez chalana
andare indietro	धीमी चलना	dhīmī chalana
orologio (m) da muro	दीवार-घड़ी (f pl)	dīvār-gharī
clessidra (f)	रेत-घड़ी (f pl)	ret-gharī
orologio (m) solare	सूरज-घड़ी (f pl)	sūraj-gharī
sveglia (f)	अलार्म घड़ी (f)	alārm gharī
orologiaio (m)	घड़ीसाज़ (m)	gharīsāz
riparare (vt)	मरम्मत करना	marammat karana

L'ESPERIENZA QUOTIDIANA

41. Denaro

soldi (m pl)	पैसा (m pl)	paisa
cambio (m)	मुद्रा विनिमय (m)	mudra vinimay
corso (m) di cambio	विनिमय दर (m)	vinimay dar
bancomat (m)	एटीएम (m)	etīem
moneta (f)	सिक्का (m)	sikka
dollaro (m)	डॉलर (m)	dolar
euro (m)	यूरो (m)	yūro
lira (f)	लीरा (f)	līra
marco (m)	डचमार्क (m)	dachamārk
franco (m)	फ्रांक (m)	frānk
sterlina (f)	पाउन्ड स्टरलिंग (m)	paund staraling
yen (m)	येन (m)	yen
debito (m)	कर्ज़ (m)	karz
debitore (m)	क़र्ज़दार (m)	qarzadār
prestare (~ i soldi)	कर्ज़ देना	karz dena
prendere in prestito	कर्ज़ लेना	karz lena
banca (f)	बैंक (m)	baink
conto (m)	बैंक खाता (m)	baink khāta
versare sul conto	बैंक खाते में जमा करना	baink khāte men jama karana
prelevare dal conto	खाते से पैसे निकालना	khāte se paise nikālana
carta (f) di credito	क्रेडिट कार्ड (m)	kredit kārd
contanti (m pl)	कैश (m pl)	kaish
assegno (m)	चेक (m)	chek
emettere un assegno	चेक लिखना	chek likhana
libretto (m) di assegni	चेकबुक (f)	chekabuk
portafoglio (m)	बटुआ (m)	batua
borsellino (m)	बटुआ (m)	batua
cassaforte (f)	लॉकर (m)	lokar
erede (m)	उत्तराधिकारी (m)	uttarādhikārī
eredità (f)	उत्तराधिकार (m)	uttarādhikār
fortuna (f)	संपत्ति (f)	sampatti
affitto (m), locazione (f)	किराये पर देना (m)	kirāye par dena
canone (m) d'affitto	किराया (m)	kirāya
affittare (dare in affitto)	किराए पर लेना	kirae par lena
prezzo (m)	दाम (m)	dām
costo (m)	कीमत (f)	kīmat
somma (f)	रक़म (m)	raqam

spendere (vt)	खर्च करना	kharch karana
spese (f pl)	खर्च (m pl)	kharch
economizzare (vi, vt)	बचत करना	bachat karana
economico (agg)	किफ़ायती	kifāyatī
pagare (vi, vt)	दाम चुकाना	dām chukāna
pagamento (m)	भुगतान (m)	bhugatān
resto (m) (dare il ~)	चिल्लर (m)	chillar
imposta (f)	टैक्स (m)	taiks
multa (f), ammenda (f)	जुर्माना (m)	jurmāna
multare (vt)	जुर्माना लगाना	jurmāna lagāna

42. Posta. Servizio postale

ufficio (m) postale	डाकघर (m)	dākaghar
posta (f) (lettere, ecc.)	डाक (m)	dāk
postino (m)	डाकिया (m)	dākiya
orario (m) di apertura	खुलने का समय (m)	khulane ka samay
lettera (f)	पत्र (m)	patr
raccomandata (f)	रजिस्टरी पत्र (m)	rajistarī patr
cartolina (f)	पोस्ट कार्ड (m)	post kārd
telegramma (m)	तार (m)	tār
pacco (m) postale	पार्सल (f)	pārsal
vaglia (m) postale	मनी ट्रांसफर (m)	manī trānsafar
ricevere (vt)	पाना	pāna
spedire (vt)	भेजना	bhejana
invio (m)	भेज (m)	bhej
indirizzo (m)	पता (m)	pata
codice (m) postale	पिन कोड (m)	pin kod
mittente (m)	भेजनेवाला (m)	bhejanevāla
destinatario (m)	पानेवाला (m)	pānevāla
nome (m)	पहला नाम (m)	pahala nām
cognome (m)	उपनाम (m)	upanām
tariffa (f)	डाक दर (m)	dāk dar
ordinario (agg)	मानक	mānak
standard (agg)	किफ़ायती	kifāyatī
peso (m)	वज़न (m)	vazan
pesare (vt)	तोलना	tolana
busta (f)	लिफ़ाफ़ा (m)	lifāfa
francobollo (m)	डाक टिकट (m)	dāk tikat
affrancare (vt)	डाक टिकट लगाना	dāk tikat lagāna

43. Attività bancaria

banca (f)	बैंक (m)	baink
filiale (f)	शाखा (f)	shākha

| consulente (m) | क्लर्क (m) | klark |
| direttore (m) | मैनेजर (m) | mainejar |

conto (m) bancario	बैंक खाता (m)	baink khāta
numero (m) del conto	खाते का नम्बर (m)	khāte ka nambar
conto (m) corrente	चालू खाता (m)	chālū khāta
conto (m) di risparmio	बचत खाता (m)	bachat khāta

aprire un conto	खाता खोलना	khāta kholana
chiudere il conto	खाता बंद करना	khāta band karana
versare sul conto	खाते में जमा करना	khāte men jama karana
prelevare dal conto	खाते से पैसा निकालना	khāte se paisa nikālana

deposito (m)	जमा (m)	jama
depositare (vt)	जमा करना	jama karana
trasferimento (m) telegrafico	तार स्थानांतरण (m)	tār sthānāntaran
rimettere i soldi	पैसे स्थानांतरित करना	paise sthānāntarit karana

| somma (f) | रक्रम (m) | raqam |
| Quanto? | कितना? | kitana? |

| firma (f) | हस्ताक्षर (f) | hastākshar |
| firmare (vt) | हस्ताक्षर करना | hastākshar karana |

carta (f) di credito	क्रेडिट कार्ड (m)	kredit kārd
codice (m)	पिन कोड (m)	pin kod
numero (m) della carta di credito	क्रेडिट कार्ड संख्या (f)	kredit kārd sankhya
bancomat (m)	एटीएम (m)	etīem

assegno (m)	चेक (m)	chek
emettere un assegno	चेक लिखना	chek likhana
libretto (m) di assegni	चेकबुक (f)	chekabuk

prestito (m)	उधार (m)	uthār
fare domanda per un prestito	उधार के लिए आवेदन करना	udhār ke lie āvedan karana
ottenere un prestito	उधार लेना	uthār lena
concedere un prestito	उधार देना	uthār dena
garanzia (f)	गारन्टी (f)	gārantī

44. Telefono. Conversazione telefonica

telefono (m)	फ़ोन (m)	fon
telefonino (m)	मोबाइल फ़ोन (m)	mobail fon
segreteria (f) telefonica	जवाबी मशीन (f)	javābī mashīn

| telefonare (vi, vt) | फ़ोन करना | fon karana |
| chiamata (f) | कॉल (m) | kol |

comporre un numero	नम्बर लगाना	nambar lagāna
Pronto!	हेलो!	helo!
chiedere (domandare)	पूछना	pūchhana
rispondere (vi, vt)	जवाब देना	javāb dena
udire (vt)	सुनना	sunana

bene	ठीक	thīk
male	ठीक नहीं	thīk nahin
disturbi (m pl)	आवाज़ें (f)	āvāzen

cornetta (f)	रिसीवर (m)	risīvar
alzare la cornetta	फ़ोन उठाना	fon uthāna
riattaccare la cornetta	फ़ोन रखना	fon rakhana

occupato (agg)	बिज़ी	bizī
squillare (del telefono)	फ़ोन बजना	fon bajana
elenco (m) telefonico	टेलीफ़ोन बुक (m)	telīfon buk
locale (agg)	लोकल	lokal
interurbano (agg)	लंबी दूरी की कॉल	lambī dūrī kī kol
internazionale (agg)	अंतरराष्ट्रीय	antarrāshtrīy

45. Telefono cellulare

telefonino (m)	मोबाइल फ़ोन (m)	mobail fon
schermo (m)	डिस्प्ले (m)	disple
tasto (m)	बटन (m)	batan
scheda SIM (f)	सिम कार्ड (m)	sim kārd

pila (f)	बैटरी (f)	baitarī
essere scarico	बैटरी डेड हो जाना	baitarī ded ho jāna
caricabatteria (m)	चार्जर (m)	chārjar

menù (m)	मीनू (m)	mīnū
impostazioni (f pl)	सेटिंग्स (f)	setings
melodia (f)	कॉलर ट्यून (m)	kolar tyūn
scegliere (vt)	चुनना	chunana

calcolatrice (f)	कैल्कुलैटर (m)	kailkulaitar
segreteria (f) telefonica	वॉयस मेल (f)	voyas mel
sveglia (f)	अलार्म घड़ी (f)	alārm gharī
contatti (m pl)	संपर्क (m)	sampark

messaggio (m) SMS	एसएमएस (m)	esemes
abbonato (m)	सदस्य (m)	sadasy

46. Articoli di cancelleria

penna (f) a sfera	बॉल पेन (m)	bol pen
penna (f) stilografica	फाउन्टेन पेन (m)	faunten pen

matita (f)	पेंसिल (f)	pensil
evidenziatore (m)	हाइलाइटर (m)	hailaitar
pennarello (m)	फ़ेल्ट टिप पेन (m)	felt tip pen

taccuino (m)	नोटबुक (m)	notabuk
agenda (f)	डायरी (f)	dāyarī
righello (m)	स्केल (m)	skel
calcolatrice (f)	कैल्कुलेटर (m)	kailkuletar

gomma (f) per cancellare	रबड़ (f)	rabar
puntina (f)	थंबटैक (m)	thanrbataik
graffetta (f)	पेपर क्लिप (m)	pepar klip

colla (f)	गोंद (f)	gond
pinzatrice (f)	स्टेप्लर (m)	steplar
perforatrice (f)	होल पंचर (m)	hol panchar
temperamatite (m)	शार्पनर (m)	shārpanar

47. Lingue straniere

lingua (f)	भाषा (f)	bhāsha
lingua (f) straniera	विदेशी भाषा (f)	videshī bhāsha
studiare (vt)	पढ़ना	parhana
imparare (una lingua)	सीखना	sīkhana

leggere (vi, vt)	पढ़ना	parhana
parlare (vi, vt)	बोलना	bolana
capire (vt)	समझना	samajhana
scrivere (vi, vt)	लिखना	likhana

rapidamente	तेज़	tez
lentamente	धीरे	dhīre
correntemente	धड़ल्ले से	dharalle se

regole (f pl)	नियम (m pl)	niyam
grammatica (f)	व्याकरण (m)	vyākaran
lessico (m)	शब्दावली (f)	shabdāvalī
fonetica (f)	स्वरविज्ञान (m)	svaravigyān

manuale (m)	पाठ्यपुस्तक (f)	pāthyapustak
dizionario (m)	शब्दकोश (m)	shabdakosh
manuale (m) autodidattico	स्वयंशिक्षक पुस्तक (m)	svayanshikshak pustak
frasario (m)	वार्तालाप-पुस्तिका (f)	vārttālāp-pustika

cassetta (f)	कैसेट (f)	kaiset
videocassetta (f)	वीडियो कैसेट (m)	vīdiyo kaiset
CD (m)	सीडी (f)	sīdī
DVD (m)	डीवीडी (m)	dīvīdī

alfabeto (m)	वर्णमाला (f)	varnamāla
compitare (vt)	हिज्जे करना	hijje karana
pronuncia (f)	उच्चारण (m)	uchchāran

accento (m)	लहज़ा (m)	lahaza
con un accento	लहज़े के साथ	lahaze ke sāth
senza accento	बिना लहज़े	bina lahaze

vocabolo (m)	शब्द (m)	shabd
significato (m)	मतलब (m)	matalab

corso (m) (~ di francese)	पाठ्यक्रम (m)	pāthyakram
iscriversi (vr)	सदस्य बनना	sadasy banana
insegnante (m, f)	शिक्षक (m)	shikshak

traduzione (f) (fare una ~)	तर्जुमा (m)	tarjuma
traduzione (f) (un testo)	अनुवाद (m)	anuvād
traduttore (m)	अनुवादक (m)	anuvādak
interprete (m)	दुभाषिया (m)	dubhāshiya
poliglotta (m)	बहुभाषी (m)	bahubhāshī
memoria (f)	स्मृति (f)	smrti

PASTI. RISTORANTE

48. Preparazione della tavola

cucchiaio (m)	चम्मच (m)	chammach
coltello (m)	छुरी (f)	chhurī
forchetta (f)	कांटा (m)	kānta
tazza (f)	प्याला (m)	pyāla
piatto (m)	तश्तरी (f)	tashtarī
piattino (m)	सॉसर (m)	sosar
tovagliolo (m)	नैपकीन (m)	naipakīn
stuzzicadenti (m)	टूथपिक (m)	tūthapik

49. Ristorante

ristorante (m)	रेस्टराँ (m)	restarān
caffè (m)	कॉफ़ी हाउस (m)	kofī haus
pub (m), bar (m)	बार (m)	bār
sala (f) da tè	चायख़ाना (m)	chāyakhāna
cameriere (m)	बैरा (m)	baira
cameriera (f)	बैरी (f)	bairī
barista (m)	बारमैन (m)	bāramain
menù (m)	मेनू (m)	menū
lista (f) dei vini	वाइन सूची (f)	vain sūchī
prenotare un tavolo	मेज़ बुक करना	mez buk karana
piatto (m)	पकवान (m)	pakavān
ordinare (~ il pranzo)	आर्डर देना	ārdar dena
fare un'ordinazione	आर्डर देना	ārdar dena
aperitivo (m)	एपेरेतीफ़ (m)	eperetīf
antipasto (m)	एपेटाइज़र (m)	epetaizar
dolce (m)	मीठा (m)	mītha
conto (m)	बिल (m)	bil
pagare il conto	बील का भुगतान करना	bīl ka bhugatān karana
dare il resto	खुले पैसे देना	khule paise dena
mancia (f)	टिप (f)	tip

50. Pasti

cibo (m)	खाना (m)	khāna
mangiare (vi, vt)	खाना खाना	khāna khāna

colazione (f)	नाश्ता (m)	nāshta
fare colazione	नाश्ता करना	nāshta karana
pranzo (m)	दोपहर का भोजन (m)	dopahar ka bhojan
pranzare (vi)	दोपहर का भोजन करना	dopahar ka bhojan karana
cena (f)	रात्रिभोज (m)	rātribhoj
cenare (vi)	रात्रिभोज करना	rātribhoj karana

| appetito (m) | भूख (f) | bhūkh |
| Buon appetito! | अपने भोजन का आनंद उठाएं! | apane bhojan ka ānand uthaen! |

aprire (vt)	खोलना	kholana
rovesciare (~ il vino, ecc.)	गिराना	girāna
rovesciarsi (vr)	गिराना	girāna

bollire (vi)	उबालना	ubālana
far bollire	उबालना	ubālana
bollito (agg)	उबला हुआ	ubala hua
raffreddare (vt)	ठंडा करना	thanda karana
raffreddarsi (vr)	ठंडा करना	thanda karana

| gusto (m) | स्वाद (m) | svād |
| retrogusto (m) | स्वाद (m) | svād |

essere a dieta	वज़न घटाना	vazan ghatāna
dieta (f)	डाइट (m)	dait
vitamina (f)	विटामिन (m)	vitāmin
caloria (f)	कैलोरी (f)	kailorī
vegetariano (m)	शाकाहारी (m)	shākāhārī
vegetariano (agg)	शाकाहारी	shākāhārī

grassi (m pl)	वसा (m pl)	vasa
proteine (f pl)	प्रोटीन (m pl)	protīn
carboidrati (m pl)	कार्बोहाइड्रेट (m)	kārbohaidret
fetta (f), fettina (f)	टुकड़ा (m)	tukara
pezzo (m) (~ di torta)	टुकड़ा (m)	tukara
briciola (f) (~ di pane)	टुकड़ा (m)	tukara

51. Pietanze cucinate

piatto (m) (≈ principale)	पकवान (m)	pakavān
cucina (f)	व्यंजन (m)	vyanjan
ricetta (f)	रैसीपी (f)	raisīpī
porzione (f)	भाग (m)	bhāg

| insalata (f) | सलाद (m) | salād |
| minestra (f) | सूप (m) | sūp |

brodo (m)	यख्नी (f)	yakhanī
panino (m)	सैन्डविच (m)	saindavich
uova (f pl) al tegamino	आमलेट (m)	āmalet

| hamburger (m) | हैमबर्गर (m) | haimabargar |
| bistecca (f) | बीफ़स्टीक (m) | bīfastīk |

contorno (m)	साइड डिश (f)	said dish
spaghetti (m pl)	स्पेघेटी (f)	speghetī
purè (m) di patate	आलू भरता (f)	ālū bharata
pizza (f)	पीट्ज़ा (f)	pītza
porridge (m)	दलिया (f)	daliya
frittata (f)	आमलेट (m)	āmalet
bollito (agg)	उबला	ubala
affumicato (agg)	धुएँ में पकाया हुआ	dhuen men pakāya hua
fritto (agg)	भुना	bhuna
secco (agg)	सूखा	sūkha
congelato (agg)	फ्रोज़न	frozan
sottoaceto (agg)	अचार	achār
dolce (gusto)	मीठा	mītha
salato (agg)	नमकीन	namakīn
freddo (agg)	ठंडा	thanda
caldo (agg)	गरम	garam
amaro (agg)	कड़वा	karava
buono, gustoso (agg)	स्वादिष्ट	svādisht
cuocere, preparare (vt)	उबलते पानी में पकाना	ubalate pānī men pakāna
cucinare (vi)	खाना बनाना	khāna banāna
friggere (vt)	भूनना	bhūnana
riscaldare (vt)	गरम करना	garam karana
salare (vt)	नमक डालना	namak dālana
pepare (vt)	मिर्च डालना	mirch dālana
grattugiare (vt)	कद्दूकश करना	kaddūkash karana
buccia (f)	छिलका (f)	chhilaka
sbucciare (vt)	छिलका निकलना	chhilaka nikalana

52. Cibo

carne (f)	गोश्त (m)	gosht
pollo (m)	चीकन (m)	chīkan
pollo (m) novello	रोक कोर्निश मुर्गी (f)	rok kornish murgī
anatra (f)	बत्तख (f)	battakh
oca (f)	हंस (m)	hans
cacciagione (f)	शिकार के पशुपक्षी (f)	shikār ke pashupakshī
tacchino (m)	टर्की (m)	tarkī
maiale (m)	सुअर का गोश्त (m)	suar ka gosht
vitello (m)	बछड़े का गोश्त (m)	bachhare ka gosht
agnello (m)	भेड़ का गोश्त (m)	bher ka gosht
manzo (m)	गाय का गोश्त (m)	gāy ka gosht
coniglio (m)	खरगोश (m)	kharagosh
salame (m)	सॉसेज (f)	sosej
w?rstel (m)	वियना सॉसेज (m)	viyana sosej
pancetta (f)	बेकन (m)	bekan
prosciutto (m)	हैम (m)	haim
prosciutto (m) affumicato	सुअर की जांघ (f)	suar kī jāngh
pâté (m)	पिसा हुआ गोश्त (m)	pisa hua gosht

fegato (m)	जिगर (f)	jigar
carne (f) trita	कीमा (m)	kīma
lingua (f)	जीभ (m)	jībh
uovo (m)	अंडा (m)	anda
uova (f pl)	अंडे (m pl)	ande
albume (m)	अंडे की सफ़ेदी (m)	ande kī safedī
tuorlo (m)	अंडे की ज़र्दी (m)	ande kī zardī
pesce (m)	मछली (f)	machhalī
frutti (m pl) di mare	समुद्री खाना (m)	samudrī khāna
caviale (m)	मछली के अंडे (m)	machhalī ke ande
granchio (m)	केकड़ा (m)	kekara
gamberetto (m)	चिंगड़ा (m)	chingara
ostrica (f)	सीप (m)	sīp
aragosta (f)	लोबस्टर (m)	lobastar
polpo (m)	ओक्टोपस (m)	oktopas
calamaro (m)	स्कीड (m)	skīd
storione (m)	स्टर्जन (f)	starjan
salmone (m)	सालमन (m)	sālaman
ippoglosso (m)	हैलिबट (f)	hailibat
merluzzo (m)	कॉड (f)	kod
scombro (m)	माक्रैल (f)	mākrail
tonno (m)	टूना (f)	tūna
anguilla (f)	बाम मछली (f)	bām machhalī
trota (f)	ट्राउट मछली (f)	traut machhalī
sardina (f)	सार्डीन (f)	sārdīn
luccio (m)	पाइक (f)	paik
aringa (f)	हेरिंग मछली (f)	hering machhalī
pane (m)	ब्रेड (f)	bred
formaggio (m)	पनीर (m)	panīr
zucchero (m)	चीनी (f)	chīnī
sale (m)	नमक (m)	namak
riso (m)	चावल (m)	chāval
pasta (f)	पास्ता (m)	pāsta
tagliatelle (f pl)	नूडल्स (m)	nūdals
burro (m)	मक्खन (m)	makkhan
olio (m) vegetale	तेल (m)	tel
olio (m) di girasole	सूरजमुखी तेल (m)	sūrajamukhī tel
margarina (f)	नकली मक्खन (m)	nakalī makkhan
olive (f pl)	जैतून (m)	jaitūn
olio (m) d'oliva	जैतून का तेल (m)	jaitūn ka tel
latte (m)	दूध (m)	dūdh
latte (m) condensato	रबड़ी (f)	rabarī
yogurt (m)	दही (m)	dahī
panna (f) acida	खट्टी क्रीम (f)	khattī krīm
panna (f)	मलाई (f pl)	malāī

maionese (m)	मेयोनेज़ (m)	meyonez
crema (f)	क्रीम (m)	krīm

cereali (m pl)	अनाज के दाने (m)	anāj ke dāne
farina (f)	आटा (m)	āta
cibi (m pl) in scatola	डिब्बाबन्द खाना (m)	dibbāband khāna

fiocchi (m pl) di mais	कॉर्नफ्लेक्स (m)	kornafleks
miele (m)	शहद (m)	shahad
marmellata (f)	जैम (m)	jaim
gomma (f) da masticare	चूइन्गा गम (m)	chūing gam

53. Bevande

acqua (f)	पानी (m)	pānī
acqua (f) potabile	पीने का पानी (f)	pīne ka pānī
acqua (f) minerale	मिनरल वॉटर (m)	minaral votar

liscia (non gassata)	स्टिल वॉटर	stil votar
gassata (agg)	काबोनेटेड	kārboneted
frizzante (agg)	स्पार्कलिंग	spārkaling
ghiaccio (m)	बर्फ़ (m)	barf
con ghiaccio	बर्फ़ के साथ	barf ke sāth

analcolico (agg)	शराब रहित	sharāb rahit
bevanda (f) analcolica	कोल्ड ड्रिंक (f)	kold drink
bibita (f)	शीतलक ड्रिंक (f)	shītalak drink
limonata (f)	लेमोनेड (m)	lemoned

bevande (f pl) alcoliche	शराब (m pl)	sharāb
vino (m)	वाइन (f)	vain
vino (m) bianco	सफ़ेद वाइन (f)	safed vain
vino (m) rosso	लाल वाइन (f)	lāl vain

liquore (m)	लिकर (m)	likar
champagne (m)	शैम्पेन (f)	shaimpen
vermouth (m)	वर्माउथ (f)	varmauth

whisky	विस्की (f)	viskī
vodka (f)	वोडका (m)	vodaka
gin (m)	जिन (f)	jin
cognac (m)	कोन्याक (m)	konyāk
rum (m)	रम (m)	ram

caffè (m)	कॉफ़ी (f)	kofī
caffè (m) nero	काली कॉफ़ी (f)	kālī kofī
caffè latte (m)	दूध के साथ कॉफ़ी (f)	dūdh ke sāth kofī
cappuccino (m)	कैपूचिनो (f)	kaipūchino
caffè (m) solubile	इन्सटेन्ट-कॉफ़ी (f)	insatent-kāfī

latte (m)	दूध (m)	dūdh
cocktail (m)	कॉकटेल (m)	kokatel
frullato (m)	मिल्कशेक (m)	milkashek
succo (m)	रस (m)	ras

succo (m) di pomodoro	टमाटर का रस (m)	tamātar ka ras
succo (m) d'arancia	संतरे का रस (m)	santare ka ras
spremuta (f)	ताज़ा रस (m)	tāza ras
birra (f)	बियर (m)	biyar
birra (f) chiara	हल्का बियर (m)	halka biyar
birra (f) scura	डार्क बियर (m)	dārk biyar
tè (m)	चाय (f)	chāy
tè (m) nero	काली चाय (f)	kālī chāy
tè (m) verde	हरी चाय (f)	harī chāy

54. Verdure

ortaggi (m pl)	सब्जियाँ (f pl)	sabziyān
verdura (f)	हरी सब्जियाँ (f)	harī sabziyān
pomodoro (m)	टमाटर (m)	tamātar
cetriolo (m)	खीरा (m)	khīra
carota (f)	गाजर (f)	gājar
patata (f)	आलू (m)	ālū
cipolla (f)	प्याज़ (m)	pyāz
aglio (m)	लहसुन (m)	lahasun
cavolo (m)	पत्ता गोभी (f)	patta gobhī
cavolfiore (m)	फूल गोभी (f)	fūl gobhī
cavoletti (m pl) di Bruxelles	ब्रसेल्स स्प्राउट्स (m)	brasels sprauts
broccolo (m)	ब्रोकोली (f)	brokolī
barbabietola (f)	चुकन्दर (m)	chukandar
melanzana (f)	बैंगन (m)	baingan
zucchina (f)	तुरई (f)	turī
zucca (f)	कद्दू	kaddū
rapa (f)	शलजम (f)	shalajam
prezzemolo (m)	अजमोद (f)	ajamod
aneto (m)	सोआ (m)	soa
lattuga (f)	सलाद पत्ता (m)	salād patta
sedano (m)	सेलरी (m)	selarī
asparago (m)	एस्पैरेगस (m)	espairegas
spinaci (m pl)	पालक (m)	pālak
pisello (m)	मटर (m)	matar
fave (f pl)	फली (f pl)	falī
mais (m)	मकई (f)	makī
fagiolo (m)	राजमा (f)	rājama
peperone (m)	शिमला मिर्च (m)	shimala mirch
ravanello (m)	मूली (f)	mūlī
carciofo (m)	हाथीचक (m)	hāthīchak

55. Frutta. Noci

frutto (m)	फल (m)	fal
mela (f)	सेब (m)	seb
pera (f)	नाशपाती (f)	nāshapātī
limone (m)	नींबू (m)	nīmbū
arancia (f)	संतरा (m)	santara
fragola (f)	स्ट्रॉबेरी (f)	stroberī
mandarino (m)	नारंगी (m)	nārangī
prugna (f)	आलूबुखारा (m)	ālūbukhāra
pesca (f)	आड़ू (m)	ārū
albicocca (f)	खूबानी (f)	khūbānī
lampone (m)	रसभरी (f)	rasabharī
ananas (m)	अनानास (m)	anānās
banana (f)	केला (m)	kela
anguria (f)	तरबूज़ (m)	tarabūz
uva (f)	अंगूर (m)	angūr
amarena (f), ciliegia (f)	चेरी (f)	cherī
melone (m)	खरबूज़ा (f)	kharabūza
pompelmo (m)	ग्रेपफ्रूट (m)	grepafrūt
avocado (m)	एवोकॉडो (m)	evokādo
papaia (f)	पपीता (f)	papīta
mango (m)	आम (m)	ām
melagrana (f)	अनार (m)	anār
ribes (m) rosso	लाल किशमिश (f)	lāl kishamish
ribes (m) nero	काली किशमिश (f)	kālī kishamish
uva (f) spina	आमला (f)	āmala
mirtillo (m)	बिलबेरी (f)	bilaberī
mora (f)	ब्लैकबेरी (f)	blaikaberī
uvetta (f)	किशमिश (m)	kishamish
fico (m)	अंजीर (m)	anjīr
dattero (m)	खजूर (m)	khajūr
arachide (f)	मूँगफली (m)	mūngafalī
mandorla (f)	बादाम (f)	bādām
noce (f)	अखरोट (m)	akharot
nocciola (f)	हेज़लनट (m)	hezalanat
noce (f) di cocco	नारियल (m)	nāriyal
pistacchi (m pl)	पिस्ता (m)	pista

56. Pane. Dolci

pasticceria (f)	मिठाई (f pl)	mithaī
pane (m)	ब्रेड (f)	bred
biscotti (m pl)	बिस्कुट (m)	biskut
cioccolato (m)	चॉकलेट (m)	chokalet
al cioccolato (agg)	चॉकलेटी	chokaletī

caramella (f)	टॉफ़ी (f)	tofī
tortina (f)	पेस्ट्री (f)	pestrī
torta (f)	केक (m)	kek

| crostata (f) | पाई (m) | paī |
| ripieno (m) | फ़िलिंग (f) | filing |

marmellata (f)	जैम (m)	jaim
marmellata (f) di agrumi	मुरब्बा (m)	murabba
wafer (m)	वेफ़र (m pl)	vefar
gelato (m)	आईस-क्रीम (f)	āīs-krīm

57. Spezie

sale (m)	नमक (m)	namak
salato (agg)	नमकीन	namakīn
salare (vt)	नमक डालना	namak dālana

pepe (m) nero	काली मिर्च (f)	kālī mirch
peperoncino (m)	लाल मिर्च (m)	lāl mirch
senape (f)	सरसों (m)	sarason
cren (m)	अरब मूली (f)	arab mūlī

condimento (m)	मसाला (m)	masāla
spezie (f pl)	मसाला (m)	masāla
salsa (f)	चटनी (f)	chatanī
aceto (m)	सिरका (m)	siraka

anice (m)	सौंफ़ (f)	saumf
basilico (m)	तुलसी (f)	tulasī
chiodi (m pl) di garofano	लौंग (f)	laung
zenzero (m)	अदरक (m)	adarak
coriandolo (m)	धनिया (m)	dhaniya
cannella (f)	दालचीनी (f)	dālachīnī

sesamo (m)	तिल (m)	til
alloro (m)	तेजपत्ता (m)	tejapatta
paprica (f)	लाल शिमला मिर्च पाउडर (m)	lāl shimala mirch paudar
cumino (m)	ज़ीरा (m)	zīra
zafferano (m)	ज़ाफ़रान (m)	zāfarān

INFORMAZIONI PERSONALI. FAMIGLIA

58. Informazioni personali. Moduli

nome (m)	पहला नाम (m)	pahala nām
cognome (m)	उपनाम (m)	upanām
data (f) di nascita	जन्म-दिवस (m)	janm-divas
luogo (m) di nascita	मातृभूमि (f)	mātrbhūmi
nazionalità (f)	नागरिकता (f)	nāgarikata
domicilio (m)	निवास स्थान (m)	nivās sthān
paese (m)	देश (m)	desh
professione (f)	पेशा (m)	pesha
sesso (m)	लिंग (m)	ling
statura (f)	क़द (m)	qad
peso (m)	वज़न (m)	vazan

59. Membri della famiglia. Parenti

madre (f)	माँ (f)	mān
padre (m)	पिता (m)	pita
figlio (m)	बेटा (m)	beta
figlia (f)	बेटी (f)	betī
figlia (f) minore	छोटी बेटी (f)	chhotī betī
figlio (m) minore	छोटा बेटा (m)	chhota beta
figlia (f) maggiore	बड़ी बेटी (f)	barī betī
figlio (m) maggiore	बड़ा बेटा (m)	bara beta
fratello (m)	भाई (m)	bhaī
sorella (f)	बहन (f)	bahan
cugino (m)	चचेरा भाई (m)	chachera bhaī
cugina (f)	चचेरी बहन (f)	chacherī bahan
mamma (f)	अम्मा (f)	amma
papà (m)	पापा (m)	pāpa
genitori (m pl)	माँ-बाप (m pl)	mān-bāp
bambino (m)	बच्चा (m)	bachcha
bambini (m pl)	बच्चे (m pl)	bachche
nonna (f)	दादी (f)	dādī
nonno (m)	दादा (m)	dāda
nipote (m) (figlio di un figlio)	पोता (m)	pota
nipote (f)	पोती (f)	potī
nipoti (pl)	पोते (m)	pote
zio (m)	चाचा (m)	chācha
zia (f)	चाची (f)	chāchī

nipote (m) (figlio di un fratello)	भतीजा (m)	bhatīja
nipote (f)	भतीजी (f)	bhatījī
suocera (f)	सास (f)	sās
suocero (m)	ससुर (m)	sasur
genero (m)	दामाद (m)	dāmād
matrigna (f)	सौतेली माँ (f)	sautelī mān
patrigno (m)	सौतेले पिता (m)	sautele pita
neonato (m)	दूधमुँहा बच्चा (m)	dudhamunha bachcha
infante (m)	शिशु (f)	shishu
bimbo (m), ragazzino (m)	छोटा बच्चा (m)	chhota bachcha
moglie (f)	पत्नी (f)	patnī
marito (m)	पति (m)	pati
coniuge (m)	पति (m)	pati
coniuge (f)	पत्नी (f)	patnī
sposato (agg)	शादीशुदा	shādīshuda
sposata (agg)	शादीशुदा	shādīshuda
celibe (agg)	अविवाहित	avivāhit
scapolo (m)	कुँआरा (m)	kunāra
divorziato (agg)	तलाक़शुदा	talāqashuda
vedova (f)	विधवा (f)	vidhava
vedovo (m)	विधुर (m)	vidhur
parente (m)	रिश्तेदार (m)	rishtedār
parente (m) stretto	सम्बंधी (m)	sambandhī
parente (m) lontano	दूर का रिश्तेदार (m)	dūr ka rishtedār
parenti (m pl)	रिश्तेदार (m pl)	rishtedār
orfano (m), orfana (f)	अनाथ (m)	anāth
tutore (m)	अभिभावक (m)	abhibhāvak
adottare (~ un bambino)	लड़का गोद लेना	laraka god lena
adottare (~ una bambina)	लड़की गोद लेना	larakī god lena

60. Amici. Colleghi

amico (m)	दोस्त (m)	dost
amica (f)	सहेली (f)	sahelī
amicizia (f)	दोस्ती (f)	dostī
essere amici	दोस्त होना	dost hona
amico (m) (inform.)	मित्र (m)	mitr
amica (f) (inform.)	सहेली (f)	sahelī
partner (m)	पार्टनर (m)	pārtanar
capo (m)	चीफ़ (m)	chīf
capo (m), superiore (m)	अधीक्षक (m)	adhīkshak
subordinato (m)	अधीनस्थ (m)	adhīnasth
collega (m)	सहकर्मी (m)	sahakarmī
conoscente (m)	परिचित आदमी (m)	parichit ādamī
compagno (m) di viaggio	सहगामी (m)	sahagāmī

compagno (m) di classe	सहपाठी (m)	sahapāṭhī
vicino (m)	पड़ोसी (m)	parosī
vicina (f)	पड़ोसन (f)	parosan
vicini (m pl)	पड़ोसी (m pl)	parosī

CORPO UMANO. MEDICINALI

61. Testa

testa (f)	सिर (m)	sir
viso (m)	चेहरा (m)	chehara
naso (m)	नाक (f)	nāk
bocca (f)	मुँह (m)	munh
occhio (m)	आँख (f)	ānkh
occhi (m pl)	आँखें (f)	ānkhen
pupilla (f)	आँख की पुतली (f)	ānkh kī putalī
sopracciglio (m)	भौंह (f)	bhaunh
ciglio (m)	बरौनी (f)	baraunī
palpebra (f)	पलक (m)	palak
lingua (f)	जीभ (m)	jībh
dente (m)	दाँत (f)	dānt
labbra (f pl)	होंठ (m)	honth
zigomi (m pl)	गाल की हड्डी (f)	gāl kī haddī
gengiva (f)	मसूड़ा (m)	masūra
palato (m)	तालु (m)	tālu
narici (f pl)	नथने (m pl)	nathane
mento (m)	ठोड़ी (f)	thorī
mascella (f)	जबड़ा (m)	jabara
guancia (f)	गाल (m)	gāl
fronte (f)	माथा (m)	mātha
tempia (f)	कनपट्टी (f)	kanapattī
orecchio (m)	कान (m)	kān
nuca (f)	सिर का पिछला हिस्सा (m)	sir ka pichhala hissa
collo (m)	गरदन (m)	garadan
gola (f)	गला (m)	gala
capelli (m pl)	बाल (m pl)	bāl
pettinatura (f)	हेयरस्टाइल (m)	heyarastail
taglio (m)	हेयरकट (m)	heyarakat
parrucca (f)	नकली बाल (m)	nakalī bāl
baffi (m pl)	मूँछें (f pl)	mūnchhen
barba (f)	दाढ़ी (f)	dārhī
portare (~ la barba, ecc.)	होना	hona
treccia (f)	चोटी (f)	chotī
basette (f pl)	गलमुच्छा (m)	galamuchchha
rosso (agg)	लाल बाल	lāl bāl
brizzolato (agg)	सफ़ेद बाल	safed bāl
calvo (agg)	गंजा	ganja
calvizie (f)	गंजाई (f)	ganjaī

coda (f) di cavallo	पोनी-टेल (f)	ponī-tel
frangetta (f)	बेंग (m)	beng

62. Corpo umano

mano (f)	हाथ (m)	hāth
braccio (m)	बाँह (m)	bānh
dito (m)	उँगली (m)	ungalī
pollice (m)	अँगूठा (m)	angūtha
mignolo (m)	छोटी उंगली (f)	chhotī ungalī
unghia (f)	नाखून (m)	nākhūn
pugno (m)	मुट्ठी (m)	mutthī
palmo (m)	हथेली (f)	hathelī
polso (m)	कलाई (f)	kalaī
avambraccio (m)	प्रकोष्ठ (m)	prakoshth
gomito (m)	कोहनी (f)	kohanī
spalla (f)	कंधा (m)	kandha
gamba (f)	टाँग (f)	tāng
pianta (f) del piede	पैर का तलवा (m)	pair ka talava
ginocchio (m)	घुटना (m)	ghutana
polpaccio (m)	पिंडली (f)	pindalī
anca (f)	जाँघ (f)	jāngh
tallone (m)	एड़ी (f)	erī
corpo (m)	शरीर (m)	sharīr
pancia (f)	पेट (m)	pet
petto (m)	सीना (m)	sīna
seno (m)	स्तन (f)	stan
fianco (m)	कूल्हा (m)	kūlha
schiena (f)	पीठ (f)	pīth
zona (f) lombare	पीठ का निचला हिस्सा (m)	pīth ka nichala hissa
vita (f)	कमर (f)	kamar
ombelico (m)	नाभी (f)	nābhī
natiche (f pl)	नितंब (m pl)	nitamb
sedere (m)	नितम्ब (m)	nitamb
neo (m)	सौंदर्य चिन्ह (f)	saundary chinh
voglia (f) (~ di fragola)	जन्म चिह्न (m)	janm chihn
tatuaggio (m)	टैटू (m)	taitū
cicatrice (f)	घाव का निशान (m)	ghāv ka nishān

63. Malattie

malattia (f)	बीमारी (f)	bīmārī
essere malato	बीमार होना	bīmār hona
salute (f)	सेहत	sehat
raffreddore (m)	नज़ला (m)	nazala
tonsillite (f)	टॉन्सिल (m)	tonsil

raffreddore (m)	जुकाम (f)	zukām
raffreddarsi (vr)	जुकाम हो जाना	zukām ho jāna
bronchite (f)	ब्रॉन्काइटिस (m)	bronkaitis
polmonite (f)	निमोनिया (f)	nimoniya
influenza (f)	फ़्लू (m)	flū
miope (agg)	कमबीन	kamabīn
presbite (agg)	कमज़ोर दूरदृष्टि	kamazor dūradrshti
strabismo (m)	तिरछी नज़र (m)	tirachhī nazar
strabico (agg)	तिरछी नज़रवाला	tirachhī nazaravāla
cateratta (f)	मोतिया बिंद (m)	motiya bind
glaucoma (m)	काला मोतिया (m)	kāla motiya
ictus (m) cerebrale	स्ट्रोक (m)	strok
attacco (m) di cuore	दिल का दौरा (m)	dil ka daura
infarto (m) miocardico	मायोकार्डियल इन्फ़ार्क्शन (m)	māyokārdiyal infārkshan
paralisi (f)	लकवा (m)	lakava
paralizzare (vt)	लक़वा मारना	laqava mārana
allergia (f)	एलर्जी (f)	elarjī
asma (f)	दमा (f)	dama
diabete (m)	शूगर (f)	shūgar
mal (m) di denti	दाँत दर्द (m)	dānt dard
carie (f)	दाँत में कीड़ा (m)	dānt men kīra
diarrea (f)	दस्त (m)	dast
stitichezza (f)	कब्ज़ (m)	kabz
disturbo (m) gastrico	पेट ख़राब (m)	pet kharāb
intossicazione (f) alimentare	ख़राब खाने से हुई बीमारी (f)	kharāb khāne se huī bīmārī
intossicarsi (vr)	ख़राब खाने से बीमार पड़ना	kharāb khāne se bīmār parana
artrite (f)	गठिया (m)	gathiya
rachitide (f)	बालवक्र (m)	bālavakr
reumatismo (m)	आमवात (m)	āmavāt
aterosclerosi (f)	धमनीकलाकाठिन्य (m)	dhamanīkalākāthiny
gastrite (f)	जठर-शोथ (m)	jathar-shoth
appendicite (f)	उण्डुक-शोथ (m)	unduk-shoth
colecistite (f)	पित्ताशय (m)	pittāshay
ulcera (f)	अल्सर (m)	alsar
morbillo (m)	मीज़ल्स (m)	mīzals
rosolia (f)	जर्मन मीज़ल्स (m)	jarman mīzals
itterizia (f)	पीलिया (m)	pīliya
epatite (f)	हेपेटाइटिस (m)	hepetaitis
schizofrenia (f)	शीज़ोफ़्रेनीय (f)	shīzofrenīy
rabbia (f)	रेबीज़ (m)	rebīz
nevrosi (f)	न्यूरोसिस (m)	nyūrosis
commozione (f) cerebrale	आघात (m)	āghāt
cancro (m)	कर्क रोग (m)	kark rog
sclerosi (f)	काठिन्य (m)	kāthiny

sclerosi (f) multipla	मल्टीपल स्क्लेरोसिस (m)	maltīpal sklerosis
alcolismo (m)	शराबीपन (m)	sharābīpan
alcolizzato (m)	शराबी (m)	sharābī
sifilide (f)	सीफ़ीलिस (m)	sīfilis
AIDS (m)	ऐइस (m)	aids

tumore (m)	ट्यूमर (m)	tyūmar
maligno (agg)	घातक	ghātak
benigno (agg)	अर्बुद	arbud

febbre (f)	बुख़ार (m)	bukhār
malaria (f)	मलेरिया (f)	maleriya
cancrena (f)	गैन्ग्रीन (m)	gaingrīn
mal (m) di mare	जहाज़ी मतली (f)	jahāzī matalī
epilessia (f)	मिरगी (f)	miragī

epidemia (f)	महामारी (f)	mahāmārī
tifo (m)	टाइफ़्रस (m)	taifas
tubercolosi (f)	टीबी (m)	tībī
colera (m)	हैज़ा (f)	haiza
peste (f)	प्लेग (f)	pleg

64. Sintomi. Cure. Parte 1

sintomo (m)	लक्षण (m)	lakshan
temperatura (f)	तापमान (m)	tāpamān
febbre (f) alta	बुख़ार (f)	bukhār
polso (m)	नब्ज़ (f)	nabz

capogiro (m)	सिर का चक्कर (m)	sir ka chakkar
caldo (agg)	गरम	garam
brivido (m)	कंपकंपी (f)	kampakampī
pallido (un viso ~)	पीला	pīla

tosse (f)	खाँसी (f)	khānsī
tossire (vi)	खाँसना	khānsana
starnutire (vi)	छींकना	chhīnkana
svenimento (m)	बेहोशी (f)	behoshī
svenire (vi)	बेहोश होना	behosh hona

livido (m)	नील (m)	nīl
bernoccolo (m)	गुमड़ा (m)	gumara
farsi un livido	चोट लगना	chot lagana
contusione (f)	चोट (f)	chot
farsi male	घाव लगना	ghāv lagana

zoppicare (vi)	लँगड़ाना	langarāna
slogatura (f)	हड्डी खिसकना (f)	haddī khisakana
slogarsi (vr)	हड्डी खिसकना	haddī khisakana
frattura (f)	हड्डी टूट जाना (f)	haddī tūt jāna
fratturarsi (vr)	हड्डी टूट जाना	haddī tūt jāna

taglio (m)	कट जाना (m)	kat jāna
tagliarsi (vr)	ख़ुद को काट लेना	khud ko kāt lena

emorragia (f)	रक्त-स्राव (m)	rakt-srāv
scottatura (f)	जला होना	jala hona
scottarsi (vr)	जल जाना	jal jāna

pungere (vt)	चुभाना	chubhāna
pungersi (vr)	ख़ुद को चुभाना	khud ko chubhāna
ferire (vt)	घायल करना	ghāyal karana
ferita (f)	चोट (f)	chot
lesione (f)	घाव (m)	ghāv
trauma (m)	चोट (f)	chot

delirare (vi)	बेहोशी में बड़बड़ाना	behoshī men barabadāna
tartagliare (vi)	हकलाना	hakalāna
colpo (m) di sole	धूप आघात (m)	dhūp āghāt

65. Sintomi. Cure. Parte 2

dolore (m), male (m)	दर्द (f)	dard
scheggia (f)	चुभ जाना (m)	chubh jāna

sudore (m)	पसीना (f)	pasīna
sudare (vi)	पसीना निकलना	pasīna nikalana
vomito (m)	वमन (m)	vaman
convulsioni (f pl)	दौरा (m)	daura

incinta (agg)	गर्भवती	garbhavatī
nascere (vi)	जन्म लेना	janm lena
parto (m)	पैदा करना (m)	paida karana
essere in travaglio di parto	पैदा करना	paida karana
aborto (m)	गर्भपात (m)	garbhapāt

respirazione (f)	साँस (f)	sāns
inspirazione (f)	साँस अंदर खींचना (f)	sāns andar khīnchana
espirazione (f)	साँस बाहर छोड़ना (f)	sāns bāhar chhorana
espirare (vi)	साँस बाहर छोड़ना	sāns bāhar chhorana
inspirare (vi)	साँस अंदर खींचना	sāns andar khīnchana

invalido (m)	अपाहिज (m)	apāhij
storpio (m)	लूला (m)	lūla
drogato (m)	नशेबाज़ (m)	nashebāz

sordo (agg)	बहरा	bahara
muto (agg)	गूँगा	gūnga
sordomuto (agg)	बहरा और गूँगा	bahara aur gūnga

matto (agg)	पागल	pāgal
matto (m)	पगला (m)	pagala
matta (f)	पगली (f)	pagalī
impazzire (vi)	पागल हो जाना	pāgal ho jāna

gene (m)	वंशाणु (m)	vanshānu
immunità (f)	रोग प्रतिरोधक शक्ति (f)	rog pratirodhak shakti
ereditario (agg)	जन्मजात	janmajāt
innato (agg)	पैदाइशी	paidaishī

virus (m)	विषाणु (m)	vishānu
microbo (m)	कीटाणु (m)	kītānu
batterio (m)	जीवाणु (m)	jīvānu
infezione (f)	संक्रमण (m)	sankraman

66. Sintomi. Cure. Parte 3

| ospedale (m) | अस्पताल (m) | aspatāl |
| paziente (m) | मरीज़ (m) | marīz |

diagnosi (f)	रोग-निर्णय (m)	rog-nirnay
cura (f)	इलाज (m)	ilāj
trattamento (m)	चिकित्सीय उपचार (m)	chikitsīy upachār
curarsi (vr)	इलाज कराना	ilāj karāna
curare (vt)	इलाज करना	ilāj karana
accudire (un malato)	देखभाल करना	dekhabhāl karana
assistenza (f)	देखभाल (f)	dekhabhāl

operazione (f)	ऑपरेशन (m)	opareshan
bendare (vt)	पट्टी बाँधना	pattī bāndhana
fasciatura (f)	पट्टी (f)	pattī

vaccinazione (f)	टीका (m)	tīka
vaccinare (vt)	टीका लगाना	tīka lagāna
iniezione (f)	इंजेक्शन (m)	injekshan
fare una puntura	इंजेक्शन लगाना	injekshan lagāna

amputazione (f)	अंगविच्छेद (f)	angavichchhed
amputare (vt)	अंगविच्छेद करना	angavichchhed karana
coma (m)	कोमा (m)	koma
essere in coma	कोमा में चले जाना	koma men chale jāna
rianimazione (f)	गहन चिकित्सा (f)	gahan chikitsa

guarire (vi)	ठीक हो जाना	thīk ho jāna
stato (f) (del paziente)	हालत (m)	hālat
conoscenza (f)	होश (m)	hosh
memoria (f)	याददाश्त (f)	yādadāsht

estrarre (~ un dente)	दाँत निकालना	dānt nikālana
otturazione (f)	भराव (m)	bharāv
otturare (vt)	दाँत को भरना	dānt ko bharana

| ipnosi (f) | हिप्नोसिस (m) | hipanosis |
| ipnotizzare (vt) | हिप्नोटाइज़ करना | hipanotaiz karana |

67. Medicinali. Farmaci. Accessori

medicina (f)	दवा (f)	dava
rimedio (m)	दवाई (f)	davaī
prescrivere (vt)	नुस्खा लिखना	nusakha likhana
prescrizione (f)	नुस्खा (m)	nusakha
compressa (f)	गोली (f)	golī

unguento (m)	मरहम (m)	maraham
fiala (f)	एम्प्यूल (m)	empyūl
pozione (f)	सिरप (m)	sirap
sciroppo (m)	शरबत (m)	sharabat
pillola (f)	गोली (f)	golī
polverina (f)	चूरन (m)	chūran
benda (f)	पट्टी (f)	pattī
ovatta (f)	रूई का गोला (m)	rūī ka gola
iodio (m)	आयोडीन (m)	āyodīn
cerotto (m)	बैंड-एड (m)	baind-ed
contagocce (m)	आई-ड्रॉपर (m)	āī-dropar
termometro (m)	थरमामीटर (m)	tharamāmītar
siringa (f)	इंजेक्शन (m)	injekshan
sedia (f) a rotelle	व्हीलचेयर (f)	vhīlacheyar
stampelle (f pl)	बैसाखी (m pl)	baisākhī
analgesico (m)	दर्द-निवारक (f)	dard-nivārak
lassativo (m)	जुलाब की गोली (f)	julāb kī golī
alcol (m)	स्पिरिट (m)	spirit
erba (f) officinale	जड़ी-बूटी (f)	jarī-būtī
d'erbe (infuso ~)	जड़ी-बूटियों से बना	jarī-būtiyon se bana

APPARTAMENTO

68. Appartamento

appartamento (m)	फ्लैट (f)	flait
camera (f), stanza (f)	कमरा (m)	kamara
camera (f) da letto	सोने का कमरा (m)	sone ka kamara
sala (f) da pranzo	खाने का कमरा (m)	khāne ka kamara
salotto (m)	बैठक (f)	baithak
studio (m)	घरेलू कार्यालय (m)	gharelū kāryālay
ingresso (m)	प्रवेश कक्ष (m)	pravesh kaksh
bagno (m)	स्नानघर (m)	snānaghar
gabinetto (m)	शौचालय (m)	shauchālay
soffitto (m)	छत (f)	chhat
pavimento (m)	फर्श (m)	farsh
angolo (m)	कोना (m)	kona

69. Arredamento. Interno

mobili (m pl)	फर्निचर (m)	farnichar
tavolo (m)	मेज़ (f)	mez
sedia (f)	कुर्सी (f)	kursī
letto (m)	पलंग (m)	palang
divano (m)	सोफ़ा (m)	sofa
poltrona (f)	हत्थे वाली कुर्सी (f)	hatthe vālī kursī
libreria (f)	किताबों की अलमारी (f)	kitābon kī alamārī
ripiano (m)	शेल्फ़ (f)	shelf
armadio (m)	कपड़ों की अलमारी (f)	kaparon kī alamārī
attaccapanni (m) da parete	खूँटी (f)	khūntī
appendiabiti (m) da terra	खूँटी (f)	khūntī
comò (m)	कपड़ों की अलमारी (f)	kaparon kī alamārī
tavolino (m) da salotto	कॉफ़ी की मेज़ (f)	kofī kī mez
specchio (m)	आईना (m)	āīna
tappeto (m)	कालीन (m)	kālīn
tappetino (m)	दरी (f)	darī
camino (m)	चिमनी (f)	chimanī
candela (f)	मोमबत्ती (f)	momabattī
candeliere (m)	मोमबत्तीदान (m)	momabattīdān
tende (f pl)	परदे (m pl)	parade
carta (f) da parati	वॉल पेपर (m)	vol pepar

tende (f pl) alla veneziana	जेलुज़ी (f pl)	jeluzī
lampada (f) da tavolo	मेज़ का लैम्प (m)	mez ka laimp
lampada (f) da parete	दिवार का लैम्प (m)	divār ka laimp
lampada (f) a stelo	फ़र्श का लैम्प (m)	farsh ka laimp
lampadario (m)	झूमर (m)	jhūmar
gamba (f)	पाँव (m)	pānv
bracciolo (m)	कुर्सी का हत्था (m)	kursī ka hattha
spalliera (f)	कुर्सी की पीठ (f)	kursī kī pīth
cassetto (m)	दराज़ (m)	darāz

70. Biancheria da letto

biancheria (f) da letto	बिस्तर के कपड़े (m)	bistar ke kapare
cuscino (m)	तकिया (m)	takiya
federa (f)	ग़िलाफ़ (m)	gilāf
coperta (f)	रज़ाई (f)	razaī
lenzuolo (m)	चादर (f)	chādar
copriletto (m)	चादर (f)	chādar

71. Cucina

cucina (f)	रसोईघर (m)	rasoīghar
gas (m)	गैस (m)	gais
fornello (m) a gas	गैस का चूल्हा (m)	gais ka chūlha
fornello (m) elettrico	बिजली का चूल्हा (m)	bijalī ka chūlha
forno (m)	ओवन (m)	ovan
forno (m) a microonde	माइक्रोवेव ओवन (m)	maikrovev ovan
frigorifero (m)	फ़्रिज (m)	frij
congelatore (m)	फ़्रीज़र (m)	frījar
lavastoviglie (f)	डिशवॉशर (m)	dishavoshar
tritacarne (m)	कीमा बनाने की मशीन (f)	kīma banāne kī mashīn
spremifrutta (m)	जूसर (m)	jūsar
tostapane (m)	टोस्टर (m)	tostar
mixer (m)	मिक्सर (m)	miksar
macchina (f) da caffè	कॉफ़ी मशीन (f)	kofī mashīn
caffettiera (f)	कॉफ़ी पॉट (m)	kofī pot
macinacaffè (m)	कॉफ़ी पीसने की मशीन (f)	kofī pīsane kī mashīn
bollitore (m)	केतली (f)	ketalī
teiera (f)	चायदानी (f)	chāyadānī
coperchio (m)	ढक्कन (m)	dhakkan
colino (m) da tè	छलनी (f)	chhalanī
cucchiaio (m)	चम्मच (m)	chammach
cucchiaino (m) da tè	चम्मच (m)	chammach
cucchiaio (m)	चम्मच (m)	chammach
forchetta (f)	काँटा (m)	kānta
coltello (m)	छुरी (f)	chhurī

stoviglie (f pl)	बरतन (m)	baratan
piatto (m)	तश्तरी (f)	tashtarī
piattino (m)	तश्तरी (f)	tashtarī

cicchetto (m)	जाम (m)	jām
bicchiere (m) (~ d'acqua)	गिलास (m)	gilās
tazzina (f)	प्याला (m)	pyāla

zuccheriera (f)	चीनीदानी (f)	chīnīdānī
saliera (f)	नमकदानी (m)	namakadānī
pepiera (f)	मिर्चदानी (f)	mirchadānī
burriera (f)	मक्खनदानी (f)	makkhanadānī

pentola (f)	सॉसपैन (m)	sosapain
padella (f)	फ़्राइ पैन (f)	frai pain
mestolo (m)	डोई (f)	doī
colapasta (m)	कालेन्डर (m)	kālendar
vassoio (m)	थाली (m)	thālī

bottiglia (f)	बोतल (f)	botal
barattolo (m) di vetro	शीशी (f)	shīshī
latta, lattina (f)	डिब्बा (m)	dibba

apribottiglie (m)	बोतल ओपनर (m)	botal opanar
apriscatole (m)	ओपनर (m)	opanar
cavatappi (m)	पेंचकस (m)	penchakas
filtro (m)	फ़िल्टर (m)	filtar
filtrare (vt)	फ़िल्टर करना	filtar karana

| spazzatura (f) | कूड़ा (m) | kūra |
| pattumiera (f) | कूड़े की बाल्टी (f) | kūre kī bāltī |

72. Bagno

bagno (m)	स्नानघर (m)	snānaghar
acqua (f)	पानी (m)	pānī
rubinetto (m)	नल (m)	nal
acqua (f) calda	गरम पानी (m)	garam pānī
acqua (f) fredda	ठंडा पानी (m)	thanda pānī

| dentifricio (m) | टूथपेस्ट (m) | tūthapest |
| lavarsi i denti | दाँत ब्रश करना | dānt brash karana |

rasarsi (vr)	शेव करना	shev karana
schiuma (f) da barba	शेविंग फ़ोम (m)	sheving fom
rasoio (m)	रेज़र (f)	rezar

lavare (vt)	धोना	dhona
fare un bagno	नहाना	nahāna
doccia (f)	शावर (m)	shāvar
fare una doccia	शावर लेना	shāvar lena

| vasca (f) da bagno | बाथटब (m) | bāthatab |
| water (m) | संडास (m) | sandās |

lavandino (m)	सिंक (m)	sink
sapone (m)	साबुन (m)	sābun
porta (m) sapone	साबुनदानी (f)	sābunadānī
spugna (f)	स्पंज (f)	spanj
shampoo (m)	शैम्पू (m)	shaimpū
asciugamano (m)	तौलिया (f)	tauliya
accappatoio (m)	चोगा (m)	choga
bucato (m)	धुलाई (f)	dhulaī
lavatrice (f)	वॉशिंग मशीन (f)	voshing mashīn
fare il bucato	कपड़े धोना	kapare dhona
detersivo (m) per il bucato	कपड़े धोने का पाउडर (m)	kapare dhone ka paudar

73. Elettrodomestici

televisore (m)	टीवी सेट (m)	tīvī set
registratore (m) a nastro	टेप रिकार्डर (m)	tep rikārdar
videoregistratore (m)	वीडियो टेप रिकार्डर (m)	vīdiyo tep rikārdar
radio (f)	रेडियो (m)	rediyo
lettore (m)	प्लेयर (m)	pleyar
videoproiettore (m)	वीडियो प्रोजेक्टर (m)	vīdiyo projektar
home cinema (m)	होम थीएटर (m)	hom thīetar
lettore (m) DVD	डीवीडी प्लेयर (m)	dīvīdī pleyar
amplificatore (m)	ध्वनि-विस्तारक (m)	dhvani-vistārak
console (f) video giochi	वीडियो गेम कन्सोल (m)	vīdiyo gem kansol
videocamera (f)	वीडियो कैमरा (m)	vīdiyo kaimara
macchina (f) fotografica	कैमरा (m)	kaimara
fotocamera (f) digitale	डीजिटल कैमरा (m)	dījital kaimara
aspirapolvere (m)	वैक्यूम क्लीनर (m)	vaikyūm klīnar
ferro (m) da stiro	इस्तरी (f)	istarī
asse (f) da stiro	इस्तरी तख्ता (m)	istarī takhta
telefono (m)	टेलीफ़ोन (m)	telīfon
telefonino (m)	मोबाइल फ़ोन (m)	mobail fon
macchina (f) da scrivere	टाइपराइटर (m)	taiparaitar
macchina (f) da cucire	सिलाई मशीन (f)	silaī mashīn
microfono (m)	माइक्रोफ़ोन (m)	maikrofon
cuffia (f)	हैडफ़ोन (m pl)	hairafon
telecomando (m)	रिमोट (m)	rimot
CD (m)	सीडी (m)	sīdī
cassetta (f)	कैसेट (f)	kaiset
disco (m) (vinile)	रिकार्ड (m)	rikārd

LA TERRA. TEMPO

74. L'Universo

cosmo (m)	अंतरिक्ष (m)	antariksh
cosmico, spaziale (agg)	अंतरिक्षीय	antarikshīy
spazio (m) cosmico	अंतरिक्ष (m)	antariksh
universo, mondo (m)	ब्रह्माण्ड (m)	brahmānd
galassia (f)	आकाशगंगा (f)	ākāshaganga
stella (f)	सितारा (m)	sitāra
costellazione (f)	नक्षत्र (m)	nakshatr
pianeta (m)	ग्रह (m)	grah
satellite (m)	उपग्रह (m)	upagrah
meteorite (m)	उल्का पिंड (m)	ulka pind
cometa (f)	पुच्छल तारा (m)	puchchhal tāra
asteroide (m)	ग्रहिका (f)	grahika
orbita (f)	ग्रहपथ (m)	grahapath
ruotare (vi)	चक्कर लगना	chakkar lagana
atmosfera (f)	वातावरण (m)	vātāvaran
il Sole	सूरज (m)	sūraj
sistema (m) solare	सौर प्रणाली (f)	saur pranālī
eclisse (f) solare	सूर्य ग्रहण (m)	sūry grahan
la Terra	पृथ्वी (f)	prthvī
la Luna	चांद (m)	chānd
Marte (m)	मंगल (m)	mangal
Venere (f)	शुक्र (m)	shukr
Giove (m)	बृहस्पति (m)	brhaspati
Saturno (m)	शनि (m)	shani
Mercurio (m)	बुध (m)	budh
Urano (m)	अरुण (m)	arun
Nettuno (m)	वरुण (m)	varūn
Plutone (m)	प्लूटो (m)	plūto
Via (f) Lattea	आकाश गंगा (f)	ākāsh ganga
Orsa (f) Maggiore	सप्तर्षिमंडल (m)	saptarshimandal
Stella (f) Polare	ध्रुव तारा (m)	dhruv tāra
marziano (m)	मंगल ग्रह का निवासी (m)	mangal grah ka nivāsī
extraterrestre (m)	अन्य नक्षत्र का निवासी (m)	any nakshatr ka nivāsī
alieno (m)	अन्य नक्षत्र का निवासी (m)	any nakshatr ka nivāsī
disco (m) volante	उड़न तश्तरी (f)	uran tashtarī
nave (f) spaziale	अंतरिक्ष विमान (m)	antariksh vimān
stazione (f) spaziale	अंतरिक्ष अड्डा (m)	antariksh adda

lancio (m)	चालू करना (m)	chālū karana
motore (m)	इंजन (m)	injan
ugello (m)	नोज़ल (m)	nozal
combustibile (m)	ईंधन (m)	īndhan
cabina (f) di pilotaggio	केबिन (m)	kebin
antenna (f)	एरियल (m)	eriyal
oblò (m)	विमान गवाक्ष (m)	vimān gavāksh
batteria (f) solare	सौर पेनल (m)	saur penal
scafandro (m)	अंतरिक्ष पोशाक (m)	antariksh poshāk
imponderabilità (f)	भारहीनता (m)	bhārahīnata
ossigeno (m)	आक्सीजन (m)	āksījan
aggancio (m)	डॉकिंग (f)	doking
agganciarsi (vr)	डॉकिंग करना	doking karana
osservatorio (m)	वेधशाला (m)	vedhashāla
telescopio (m)	दूरबीन (f)	dūrabīn
osservare (vt)	देखना	dekhana
esplorare (vt)	जाँचना	jānchana

75. La Terra

la Terra	पृथ्वी (f)	prthvī
globo (m) terrestre	गोला (m)	gola
pianeta (m)	ग्रह (m)	grah
atmosfera (f)	वातावरण (m)	vātāvaran
geografia (f)	भूगोल (m)	bhūgol
natura (f)	प्रकृति (f)	prakrti
mappamondo (m)	गोलक (m)	golak
carta (f) geografica	नक्शा (m)	naksha
atlante (m)	मानचित्रावली (f)	mānachitrāvalī
Europa (f)	यूरोप (m)	yūrop
Asia (f)	एशिया (f)	eshiya
Africa (f)	अफ्रीका (m)	afrīka
Australia (f)	ऑस्ट्रेलिया (m)	ostreliya
America (f)	अमेरिका (f)	amerika
America (f) del Nord	उत्तरी अमेरिका (f)	uttarī amerika
America (f) del Sud	दक्षिणी अमेरिका (f)	dakshinī amerika
Antartide (f)	अंटार्कटिक (m)	antārkatik
Artico (m)	आर्कटिक (m)	ārkatik

76. Punti cardinali

nord (m)	उत्तर (m)	uttar
a nord	उत्तर की ओर	uttar kī or

| al nord | उत्तर में | uttar men |
| del nord (agg) | उत्तरी | uttarī |

sud (m)	दक्षिण (m)	dakshin
a sud	दक्षिण की ओर	dakshin kī or
al sud	दक्षिण में	dakshin men
del sud (agg)	दक्षिणी	dakshinī

ovest (m)	पश्चिम (m)	pashchim
a ovest	पश्चिम की ओर	pashchim kī or
all'ovest	पश्चिम में	pashchim men
dell'ovest, occidentale	पश्चिमी	pashchimī

est (m)	पूर्व (m)	pūrv
a est	पूर्व की ओर	pūrv kī or
all'est	पूर्व में	pūrv men
dell'est, orientale	पूर्वी	pūrvī

77. Mare. Oceano

mare (m)	सागर (m)	sāgar
oceano (m)	महासागर (m)	mahāsāgar
golfo (m)	खाड़ी (f)	khārī
stretto (m)	जलग्रीवा (m)	jalagrīva

continente (m)	महाद्वीप (m)	mahādvīp
isola (f)	द्वीप (m)	dvīp
penisola (f)	प्रायद्वीप (m)	prāyadvīp
arcipelago (m)	द्वीप समूह (m)	dvīp samūh

baia (f)	तट-खाड़ी (f)	tat-khārī
porto (m)	बंदरगाह (m)	bandaragāh
laguna (f)	लैगून (m)	laigūn
capo (m)	अंतरीप (m)	antarīp

atollo (m)	एटोल (m)	etol
scogliera (f)	रीफ़ (m)	rīf
corallo (m)	प्रवाल (m)	pravāl
barriera (f) corallina	प्रवाल रीफ़ (m)	pravāl rīf

profondo (agg)	गहरा	gahara
profondità (f)	गहराई (f)	gaharaī
abisso (m)	रसातल (m)	rasātal
fossa (f) (~ delle Marianne)	गड्ढा (m)	garha

| corrente (f) | धारा (f) | dhāra |
| circondare (vt) | घिरा होना | ghira hona |

| litorale (m) | किनारा (m) | kināra |
| costa (f) | तटबंध (m) | tatabandh |

alta marea (f)	ज्वार (m)	jvār
bassa marea (f)	भाटा (m)	bhāta
banco (m) di sabbia	रेती (f)	retī

fondo (m)	तला (m)	tala
onda (f)	तरंग (f)	tarang
cresta (f) dell'onda	तरंग शिखर (f)	tarang shikhar
schiuma (f)	झाग (m)	jhāg
uragano (m)	तूफ़ान (m)	tufān
tsunami (m)	सुनामी (f)	sunāmī
bonaccia (f)	शांत (m)	shānt
tranquillo (agg)	शांत	shānt
polo (m)	ध्रुव (m)	dhruv
polare (agg)	ध्रुवीय	dhruvīy
latitudine (f)	अक्षांश (m)	akshānsh
longitudine (f)	देशान्तर (m)	deshāntar
parallelo (m)	समांतर-रेखा (f)	samāntar-rekha
equatore (m)	भूमध्य रेखा (f)	bhūmadhy rekha
cielo (m)	आकाश (f)	ākāsh
orizzonte (m)	क्षितिज (m)	kshitij
aria (f)	हवा (f)	hava
faro (m)	प्रकाशस्तंभ (m)	prakāshastambh
tuffarsi (vr)	गोता मारना	gota mārana
affondare (andare a fondo)	डूब जाना	dūb jāna
tesori (m)	खज़ाना (m)	khazāna

78. Nomi dei mari e degli oceani

Oceano (m) Atlantico	अटलांटिक महासागर (m)	atalāntik mahāsāgar
Oceano (m) Indiano	हिन्द महासागर (m)	hind mahāsāgar
Oceano (m) Pacifico	प्रशांत महासागर (m)	prashānt mahāsāgar
mar (m) Glaciale Artico	उत्तरी ध्रुव महासागर (m)	uttarī dhuv mahāsāgar
mar (m) Nero	काला सागर (m)	kāla sāgar
mar (m) Rosso	लाल सागर (m)	lāl sāgar
mar (m) Giallo	पीला सागर (m)	pīla sāgar
mar (m) Bianco	सफ़ेद सागर (m)	safed sāgar
mar (m) Caspio	कैस्पियन सागर (m)	kaispiyan sāgar
mar (m) Morto	मृत सागर (m)	mrt sāgar
mar (m) Mediterraneo	भूमध्य सागर (m)	bhūmadhy sāgar
mar (m) Egeo	ईजियन सागर (m)	ījiyan sāgar
mar (m) Adriatico	एड्रिएटिक सागर (m)	edrietik sāgar
mar (m) Arabico	अरब सागर (m)	arab sāgar
mar (m) del Giappone	जापान सागर (m)	jāpān sāgar
mare (m) di Bering	बेरिंग सागर (m)	bering sāgar
mar (m) Cinese meridionale	दक्षिण चीन सागर (m)	dakshin chīn sāgar
mar (m) dei Coralli	कोरल सागर (m)	koral sāgar
mar (m) di Tasman	तस्मान सागर (m)	tasmān sāgar
mar (m) dei Caraibi	करिबियन सागर (m)	karibiyan sāgar

| mare (m) di Barents | बैरेंट्स सागर (m) | bairents sāgar |
| mare (m) di Kara | काड़ा सागर (m) | kāra sāgar |

mare (m) del Nord	उत्तर सागर (m)	uttar sāgar
mar (m) Baltico	बाल्टिक सागर (m)	bāltik sāgar
mare (m) di Norvegia	नार्वे सागर (m)	nārve sāgar

79. Montagne

monte (m), montagna (f)	पहाड़ (m)	pahār
catena (f) montuosa	पर्वत माला (f)	parvat māla
crinale (m)	पहाड़ों का सिलसिला (m)	pahāron ka silasila

| cima (f) | चोटी (f) | chotī |
| picco (m) | शिखर (m) | shikhar |

| piedi (m pl) | तलहटी (f) | talahatī |
| pendio (m) | ढलान (f) | dhalān |

vulcano (m)	ज्वालामुखी (m)	jvālāmukhī
vulcano (m) attivo	सक्रिय ज्वालामुखी (m)	sakriy jvālāmukhī
vulcano (m) inattivo	निष्क्रिय ज्वालामुखी (m)	nishkriy jvālāmukhī

eruzione (f)	विस्फोटन (m)	visfotan
cratere (m)	ज्वालामुखी का मुख (m)	jvālāmukhī ka mukh
magma (m)	मैग्मा (m)	maigma

| lava (f) | लावा (m) | lāva |
| fuso (lava ~a) | पिघला हुआ | pighala hua |

canyon (m)	घाटी (m)	ghāṭī
gola (f)	तंग घाटी (f)	tang ghāṭī
crepaccio (m)	दरार (m)	darār

| passo (m), valico (m) | मार्ग (m) | mārg |
| altopiano (m) | पठार (m) | pathār |

| falesia (f) | शिला (f) | shila |
| collina (f) | टीला (m) | ṭīla |

| ghiacciaio (m) | हिमनद (m) | himanad |
| cascata (f) | झरना (m) | jharana |

| geyser (m) | उष्ण जल स्रोत (m) | ushn jal srot |
| lago (m) | तालाब (m) | tālāb |

pianura (f)	समतल प्रदेश (m)	samatal pradesh
paesaggio (m)	परिदृश्य (m)	paridrshy
eco (f)	गूँज (f)	gūnj

alpinista (m)	पर्वतारोही (m)	parvatārohī
scalatore (m)	पर्वतारोही (m)	parvatārohī
conquistare (~ una cima)	चोटी पर पहुँचना	chotī par pahunchana
scalata (f)	चढ़ाव (m)	charhāv

80. Nomi delle montagne

Alpi (f pl)	आल्पस (m)	ālpas
Monte (m) Bianco	मोन्ट ब्लैंक (m)	mont blaink
Pirenei (m pl)	पाइरीनीज़ (f pl)	pairīnīz

Carpazi (m pl)	कार्पाथियेन्स (m)	kārpāthiyens
gli Urali (m pl)	यूरल (m)	yūral
Caucaso (m)	कोकेशिया के पहाड़ (m)	kokeshiya ke pahār
Monte (m) Elbrus	एल्ब्रस पर्वत (m)	elbras parvat

Monti (m pl) Altai	अल्टाई पर्वत (m)	altaī parvat
Tien Shan (m)	तियान शान (m)	tiyān shān
Pamir (m)	पामीर पर्वत (m)	pāmīr parvat
Himalaia (m)	हिमालय (m)	himālay
Everest (m)	माउंट एवरेस्ट (m)	maunt evarest

| Ande (f pl) | एंडीज़ (f pl) | endīz |
| Kilimangiaro (m) | किलीमन्जारो (m) | kilīmanjāro |

81. Fiumi

fiume (m)	नदी (f)	nadī
fonte (f) (sorgente)	झरना (m)	jharana
letto (m) (~ del fiume)	नदी तल (m)	nadī tal
bacino (m)	बेसिन (m)	besin
sfociare nel ...	गिरना	girana

| affluente (m) | उपनदी (f) | upanadī |
| riva (f) | तट (m) | tat |

corrente (f)	धारा (f)	dhāra
a valle	बहाव के साथ	bahāv ke sāth
a monte	बहाव के विरुद्ध	bahāv ke virūddh

inondazione (f)	बाढ़ (f)	bārh
piena (f)	बाढ़ (f)	bārh
straripare (vi)	उमड़ना	umarana
inondare (vt)	पानी से भरना	pānī se bharana

| secca (f) | छिछला पानी (m) | chhichhala pānī |
| rapida (f) | तेज़ उतार (m) | tez utār |

diga (f)	बांध (m)	bāndh
canale (m)	नहर (f)	nahar
bacino (m) di riserva	जलाशय (m)	jalāshay
chiusa (f)	स्लूस (m)	slūs

specchio (m) d'acqua	जल स्रोत (m)	jal srot
palude (f)	दलदल (f)	daladal
pantano (m)	दलदल (f)	daladal
vortice (m)	भंवर (m)	bhanvar
ruscello (m)	झरना (m)	jharana

potabile (agg)	पीने का	pīne ka
dolce (di acqua ~)	ताज़ा	tāza

ghiaccio (m)	बर्फ़ (m)	barf
ghiacciarsi (vr)	जम जाना	jam jāna

82. Nomi dei fiumi

Senna (f)	सीन (f)	sīn
Loira (f)	लॉयर (f)	loyar

Tamigi (m)	थेम्स (f)	thems
Reno (m)	राइन (f)	rain
Danubio (m)	डेन्यूब (f)	denyūb

Volga (m)	वोल्गा (f)	volga
Don (m)	डॉन (f)	don
Lena (f)	लेना (f)	lena

Fiume (m) Giallo	ह्वांग हे (f)	hvāng he
Fiume (m) Azzurro	यांग्त्ज़ी (f)	yāngtzī
Mekong (m)	मेकांग (f)	mekāng
Gange (m)	गंगा (f)	ganga

Nilo (m)	नील (f)	nīl
Congo (m)	कांगो (f)	kāngo
Okavango	ओकावान्गो (f)	okāvāngo
Zambesi (m)	ज़म्बेज़ी (f)	zambezī
Limpopo (m)	लिम्पोपो (f)	limpopo
Mississippi (m)	मिसिसिपी (f)	misisipī

83. Foresta

foresta (f)	जंगल (m)	jangal
forestale (agg)	जंगली	jangalī

foresta (f) fitta	घना जंगल (m)	ghana jangal
boschetto (m)	उपवान (m)	upavān
radura (f)	खुला छोटा मैदान (m)	khula chhota maidān

roveto (m)	झाड़ियाँ (f pl)	jhāriyān
boscaglia (f)	झाड़ियों भरा मैदान (m)	jhāriyon bhara maidān

sentiero (m)	फुटपाथ (m)	futapāth
calanco (m)	नाली (f)	nālī

albero (m)	पेड़ (m)	per
foglia (f)	पत्ता (m)	patta
fogliame (m)	पत्तियां (f)	pattiyān

caduta (f) delle foglie	पतझड़ (m)	patajhar
cadere (vi)	गिरना	girana

cima (f)	शिखर (m)	shikhar
ramo (m), ramoscello (m)	टहनी (f)	tahanī
ramo (m)	शाखा (f)	shākha
gemma (f)	कलिका (f)	kalika
ago (m)	सुई (f)	suī
pigna (f)	शंकुफल (m)	shankufal
cavità (f)	खोखला (m)	khokhala
nido (m)	घोंसला (m)	ghonsala
tana (f) (del fox, ecc.)	बिल (m)	bil
tronco (m)	तना (m)	tana
radice (f)	जड़ (f)	jar
corteccia (f)	छाल (f)	chhāl
musco (m)	काई (f)	kaī
sradicare (vt)	उखाड़ना	ukhārana
abbattere (~ un albero)	काटना	kātana
disboscare (vt)	जंगल काटना	jangal kātana
ceppo (m)	ठूंठ (m)	thūnth
falò (m)	अलाव (m)	alāv
incendio (m) boschivo	जंगल की आग (f)	jangal kī āg
spegnere (vt)	आग बुझाना	āg bujhāna
guardia (f) forestale	वनरक्षक (m)	vanarakshak
protezione (f)	रक्षा (f)	raksha
proteggere (~ la natura)	रक्षा करना	raksha karana
bracconiere (m)	चोर शिकारी (m)	chor shikārī
tagliola (f) (~ per orsi)	फंदा (m)	fanda
raccogliere (vt)	बटोरना	batorana
perdersi (vr)	रास्ता भूलना	rāsta bhūlana

84. Risorse naturali

risorse (f pl) naturali	प्राकृतिक संसाधन (m pl)	prākrtik sansādhan
minerali (m pl)	खनिज पदार्थ (m pl)	khanij padārth
deposito (m) (~ di carbone)	तह (f pl)	tah
giacimento (m) (~ petrolifero)	क्षेत्र (m)	kshetr
estrarre (vt)	खोदना	khodana
estrazione (f)	खनिकर्म (m)	khanikarm
minerale (m) grezzo	अयस्क (m)	ayask
miniera (f)	खान (f)	khān
pozzo (m) di miniera	शैफ़्ट (m)	shaifat
minatore (m)	खनिक (m)	khanik
gas (m)	गैस (m)	gais
gasdotto (m)	गैस पाइप लाइन (m)	gais paip lain
petrolio (m)	पेट्रोल (m)	petrol
oleodotto (m)	तेल पाइप लाइन (m)	tel paip lain
torre (f) di estrazione	तेल का कुँआ (m)	tel ka kuna

torre (f) di trivellazione	डेरिक (m)	derik
petroliera (f)	टैंकर (m)	tainkar
sabbia (f)	रेत (m)	ret
calcare (m)	चूना पत्थर (m)	chūna patthar
ghiaia (f)	बजरी (f)	bajarī
torba (f)	पीट (m)	pīt
argilla (f)	मिट्टी (f)	mittī
carbone (m)	कोयला (m)	koyala
ferro (m)	लोहा (m)	loha
oro (m)	सोना (m)	sona
argento (m)	चाँदी (f)	chāndī
nichel (m)	गिलट (m)	gilat
rame (m)	ताँबा (m)	tānba
zinco (m)	जस्ता (m)	jasta
manganese (m)	अयस (m)	ayas
mercurio (m)	पारा (f)	pāra
piombo (m)	सीसा (f)	sīsa
minerale (m)	खनिज (m)	khanij
cristallo (m)	क्रिस्टल (m)	kristal
marmo (m)	संगमरमर (m)	sangamaramar
uranio (m)	यूरेनियम (m)	yūreniyam

85. Tempo

tempo (m)	मौसम (m)	mausam
previsione (f) del tempo	मौसम का पूर्वानुमान (m)	mausam ka pūrvānumān
temperatura (f)	तापमान (m)	tāpamān
termometro (m)	थर्मामीटर (m)	tharmāmītar
barometro (m)	बैरोमीटर (m)	bairomītar
umidità (f)	नमी (f)	namī
caldo (m), afa (f)	गरमी (f)	garamī
molto caldo (agg)	गरम	garam
fa molto caldo	गरमी है	garamī hai
fa caldo	गरम है	garam hai
caldo, mite (agg)	गरम	garam
fa freddo	ठंडक है	thandak hai
freddo (agg)	ठंडा	thanda
sole (m)	सूरज (m)	sūraj
splendere (vi)	चमकना	chamakana
di sole (una giornata ~)	धूपदार	dhūpadār
sorgere, levarsi (vr)	उगना	ugana
tramontare (vi)	डूबना	dūbana
nuvola (f)	बादल (m)	bādal
nuvoloso (agg)	मेघाच्छादित	meghāchchhādit
nube (f) di pioggia	घना बादल (m)	ghana bādal

nuvoloso (agg)	बदली	badalī
pioggia (f)	बारिश (f)	bārish
piove	बारिश हो रही है	bārish ho rahī hai
piovoso (agg)	बरसाती	barasātī
piovigginare (vi)	बूंदाबांदी होना	būndābāndī hona

pioggia (f) torrenziale	मूसलधार बारिश (f)	mūsaladhār bārish
acquazzone (m)	मूसलधार बारिश (f)	mūsaladhār bārish
forte (una ~ pioggia)	भारी	bhārī
pozzanghera (f)	पोखर (m)	pokhar
bagnarsi (~ sotto la pioggia)	भीगना	bhīgana

foschia (f), nebbia (f)	कुहरा (m)	kuhara
nebbioso (agg)	कुहरेदार	kuharedār
neve (f)	बर्फ़ (f)	barf
nevica	बर्फ़ पड़ रही है	barf par rahī hai

86. Rigide condizioni metereologiche. Disastri naturali

temporale (m)	गरजवाला तुफान (m)	garajavāla tufān
fulmine (f)	बिजली (m)	bijalī
lampeggiare (vi)	चमकना	chamakana

tuono (m)	गरज (m)	garaj
tuonare (vi)	बादल गरजना	bādal garajana
tuona	बादल गरज रहा है	bādal garaj raha hai

grandine (f)	ओला (m)	ola
grandina	ओले पड़ रहे हैं	ole par rahe hain

inondare (vt)	बाढ़ आ जाना	bārh ā jāna
inondazione (f)	बाढ़ (f)	bārh

terremoto (m)	भूकंप (m)	bhūkamp
scossa (f)	झटका (m)	jhataka
epicentro (m)	अधिकेंद्र (m)	adhikendr

eruzione (f)	उद्गार (m)	udgār
lava (f)	लावा (m)	lāva

tromba (f) d'aria	बवंडर (m)	bavandar
tornado (m)	टोर्नेडो (m)	tornedo
tifone (m)	रतूफान (m)	ratūfān

uragano (m)	समुद्री तूफ़ान (m)	samudrī tūfān
tempesta (f)	तूफ़ान (m)	tufān
tsunami (m)	सुनामी (f)	sunāmī

ciclone (m)	चक्रवात (m)	chakravāt
maltempo (m)	ख़राब मौसम (m)	kharāb mausam
incendio (m)	आग (f)	āg
disastro (m)	प्रलय (m)	pralay
meteorite (m)	उल्का पिंड (m)	ulka pind
valanga (f)	हिमस्खलन (m)	himaskhalan

slavina (f)	हिमस्खलन (m)	himaskhalan
tempesta (f) di neve	बर्फ़ का तुफ़ान (m)	barf ka tufān
bufera (f) di neve	बर्फ़ीला तुफ़ान (m)	barfila tufān

FAUNA

87. Mammiferi. Predatori

predatore (m)	परभक्षी (m)	parabhakshī
tigre (f)	बाघ (m)	bāgh
leone (m)	शेर (m)	sher
lupo (m)	भेड़िया (m)	bheriya
volpe (m)	लोमड़ी (f)	lomri
giaguaro (m)	जागुआर (m)	jāguār
leopardo (m)	तेंदुआ (m)	tendua
ghepardo (m)	चीता (m)	chīta
pantera (f)	काला तेंदुआ (m)	kāla tendua
puma (f)	पहाड़ी बिलाव (m)	pahādī bilāv
leopardo (m) delle nevi	हिम तेंदुआ (m)	him tendua
lince (f)	वन बिलाव (m)	van bilāv
coyote (m)	कोयोट (m)	koyot
sciacallo (m)	गीदड़ (m)	gīdar
iena (f)	लकड़बग्घा (m)	lakarabaggha

88. Animali selvatici

animale (m)	जानवर (m)	jānavar
bestia (f)	जानवर (m)	jānavar
scoiattolo (m)	गिलहरी (f)	gilaharī
riccio (m)	कांटा-चूहा (m)	kānta-chūha
lepre (f)	खरगोश (m)	kharagosh
coniglio (m)	खरगोश (m)	kharagosh
tasso (m)	बिज्जू (m)	bijjū
procione (f)	रैकून (m)	raikūn
criceto (m)	हैम्स्टर (m)	haimstar
marmotta (f)	मारमोट (m)	māramot
talpa (f)	छछूंदर (m)	chhachhūndar
topo (m)	चूहा (m)	chūha
ratto (m)	घूस (m)	ghūs
pipistrello (m)	चमगादड़ (m)	chamagādar
ermellino (m)	नेवला (m)	nevala
zibellino (m)	सेबल (m)	sebal
martora (f)	मारटेन (m)	māraten
donnola (f)	नेवला (m)	nevala
visone (m)	मिंक (m)	mink

castoro (m)	ऊदबिलाव (m)	ūdabilāv
lontra (f)	ऊदबिलाव (m)	ūdabilāv
cavallo (m)	घोड़ा (m)	ghora
alce (m)	मूस (m)	mūs
cervo (m)	हिरण (m)	hiran
cammello (m)	ऊंट (m)	ūnt
bisonte (m) americano	बाइसन (m)	baisan
bisonte (m) europeo	जंगली बैल (m)	jangalī bail
bufalo (m)	भैंस (m)	bhains
zebra (f)	ज़ेबरा (m)	zebara
antilope (f)	मृग (f)	mrg
capriolo (m)	मृगनी (f)	mrgnī
daino (m)	चीतल (m)	chītal
camoscio (m)	शैमी (f)	shaimī
cinghiale (m)	जंगली सुअार (m)	jangalī suār
balena (f)	ह्वेल (f)	hvel
foca (f)	सील (m)	sīl
tricheco (m)	वॉलरस (m)	volaras
otaria (f)	फर सील (f)	far sīl
delfino (m)	डॉलफ़िन (f)	dolafin
orso (m)	रीछ (m)	rīchh
orso (m) bianco	सफ़ेद रीछ (m)	safed rīchh
panda (m)	पांडा (m)	pānda
scimmia (f)	बंदर (m)	bandar
scimpanzè (m)	वनमानुष (m)	vanamānush
orango (m)	वनमानुष (m)	vanamānush
gorilla (m)	गोरिला (m)	gorila
macaco (m)	अफ़्रीकन लंगूर (m)	afrikan langūr
gibbone (m)	गिब्बन (m)	gibban
elefante (m)	हाथी (m)	hāthī
rinoceronte (m)	गैंडा (m)	gainda
giraffa (f)	ज़िराफ़ (m)	jirāf
ippopotamo (m)	दरियाई घोड़ा (m)	dariyaī ghora
canguro (m)	कंगारू (m)	kangārū
koala (m)	कोआला (m)	koāla
mangusta (f)	नेवला (m)	nevala
cincillà (f)	चिनचीला (f)	chinachīla
moffetta (f)	स्कंक (m)	skank
istrice (m)	शल्यक (f)	shalyak

89. Animali domestici

gatta (f)	बिल्ली (f)	billī
gatto (m)	बिल्ला (m)	billa
cane (m)	कुत्ता (m)	kutta

cavallo (m)	घोड़ा (m)	ghora
stallone (m)	घोड़ा (m)	ghora
giumenta (f)	घोड़ी (f)	ghorī
mucca (f)	गाय (f)	gāy
toro (m)	बैल (m)	bail
bue (m)	बैल (m)	bail
pecora (f)	भेड़ (f)	bher
montone (m)	भेड़ा (m)	bhera
capra (f)	बकरी (f)	bakarī
caprone (m)	बकरा (m)	bakara
asino (m)	गधा (m)	gadha
mulo (m)	खच्चर (m)	khachchar
porco (m)	सूअर (m)	suar
porcellino (m)	घेंटा (m)	ghenta
coniglio (m)	खरगोश (m)	kharagosh
gallina (f)	मुर्गी (f)	murgī
gallo (m)	मुर्गा (m)	murga
anatra (f)	बत्तख़ (f)	battakh
maschio (m) dell'anatra	नर बत्तख़ (m)	nar battakh
oca (f)	हंस (m)	hans
tacchino (m)	नर टर्की (m)	nar tarkī
tacchina (f)	टर्की (f)	tarkī
animali (m pl) domestici	घरेलू पशु (m pl)	gharelū pashu
addomesticato (agg)	पालतू	pālatū
addomesticare (vt)	पालतू बनाना	pālatū banāna
allevare (vt)	पालना	pālana
fattoria (f)	खेत (m)	khet
pollame (m)	मुर्गी पालन (f)	murgī pālan
bestiame (m)	मवेशी (m)	maveshī
branco (m), mandria (f)	पशु समूह (m)	pashu samūh
scuderia (f)	अस्तबल (m)	astabal
porcile (m)	सूअरखाना (m)	sūarakhāna
stalla (f)	गौशाला (f)	goshāla
conigliera (f)	खरगोश का दरबा (m)	kharagosh ka daraba
pollaio (m)	मुर्गीखाना (m)	murgīkhāna

90. Uccelli

uccello (m)	चिड़िया (f)	chiriya
colombo (m), piccione (m)	कबूतर (m)	kabūtar
passero (m)	गौरैया (f)	gauraiya
cincia (f)	टिटरी (f)	titarī
gazza (f)	नीलकण्ठ पक्षी (f)	nīlakanth pakshī
corvo (m)	काला कौआ (m)	kāla kaua

cornacchia (f)	कौआ (m)	kaua
taccola (f)	कौआ (m)	kaua
corvo (m) nero	कौआ (m)	kaua
anatra (f)	बतख़ (f)	battakh
oca (f)	हंस (m)	hans
fagiano (m)	तीतर (m)	tītar
aquila (f)	चील (f)	chīl
astore (m)	बाज़ (m)	bāz
falco (m)	बाज़ (m)	bāz
grifone (m)	गिद्ध (m)	giddh
condor (m)	कॉन्डोर (m)	kondor
cigno (m)	राजहंस (m)	rājahans
gru (f)	सारस (m)	sāras
cicogna (f)	लकलक (m)	lakalak
pappagallo (m)	तोता (m)	tota
colibrì (m)	हमिंग बर्ड (f)	haming bard
pavone (m)	मोर (m)	mor
struzzo (m)	शुतुरमुर्ग (m)	shuturamurg
airone (m)	बगुला (m)	bagula
fenicottero (m)	फ़्लेमिन्गो (m)	flemingo
pellicano (m)	हवासिल (m)	havāsil
usignolo (m)	बुलबुल (m)	bulabul
rondine (f)	अबाबील (f)	abābīl
tordo (m)	मुखव्रण (f)	mukhavran
tordo (m) sasello	मुखव्रण (f)	mukhavran
merlo (m)	ब्लैकबर्ड (m)	blaikabard
rondone (m)	बतासी (f)	batāsī
allodola (f)	भरत (m)	bharat
quaglia (f)	वर्तक (m)	varttak
picchio (m)	कठफोड़ा (m)	kathafora
cuculo (m)	कोयल (f)	koyal
civetta (f)	उल्लू (m)	ullū
gufo (m) reale	गरुड़ उल्लू (m)	garūr ullū
urogallo (m)	तीतर (m)	tītar
fagiano (m) di monte	काला तीतर (m)	kāla tītar
pernice (f)	चकोर (m)	chakor
storno (m)	तिलिया (f)	tiliya
canarino (m)	कनारी (f)	kanārī
francolino (m) di monte	पिंगल तीतर (m)	pingal tītar
fringuello (m)	फ़िंच (m)	finch
ciuffolotto (m)	बुलफ़िंच (m)	bulafinch
gabbiano (m)	गंगा-चिल्ली (f)	ganga-chillī
albatro (m)	अल्बात्रोस (m)	albātros
pinguino (m)	पेंगुइन (m)	penguin

91. Pesci. Animali marini

abramide (f)	ब्रीम (f)	brīm
carpa (f)	कार्प (f)	kārp
perca (f)	पर्च (f)	parch
pesce (m) gatto	कैटफ़िश (f)	kaitafish
luccio (m)	पाइक (f)	paik
salmone (m)	सैल्मन (f)	sailman
storione (m)	स्टर्जन (f)	starjan
aringa (f)	हेरिंग (f)	hering
salmone (m)	अटलांटिक सैल्मन (f)	atalāntik sailman
scombro (m)	माक्रैल (f)	mākrail
sogliola (f)	फ़्लैटफ़िश (f)	flaitafish
lucioperca (f)	पाइक पर्च (f)	paik parch
merluzzo (m)	कॉड (f)	kod
tonno (m)	ट्यूना (f)	tūna
trota (f)	ट्राउट (f)	traut
anguilla (f)	सर्पमीन (f)	sarpamīn
torpedine (f)	विद्युत शंकुश (f)	vidyut shankush
murena (f)	मोरे सर्पमीन (f)	more sarpamīn
piranha (f)	पिरान्हा (f)	pirānha
squalo (m)	शार्क (f)	shārk
delfino (m)	डॉलफ़िन (f)	dolafin
balena (f)	ह्वेल (f)	hvel
granchio (m)	केकड़ा (m)	kekara
medusa (f)	जेली फ़िश (f)	jelī fish
polpo (m)	आक्टोपस (m)	āktopas
stella (f) marina	स्टार फ़िश (f)	stār fish
riccio (m) di mare	जलसाही (f)	jalasāhī
cavalluccio (m) marino	समुद्री घोड़ा (m)	samudrī ghora
ostrica (f)	कस्तूरा (m)	kastūra
gamberetto (m)	झींगा (f)	jhīnga
astice (m)	लॉब्सटर (m)	lobsatar
aragosta (f)	स्पाइनी लॉब्सटर (m)	spainī lobsatar

92. Anfibi. Rettili

serpente (m)	सर्प (m)	sarp
velenoso (agg)	विषैला	vishaila
vipera (f)	वाइपर (m)	vaipar
cobra (m)	नाग (m)	nāg
pitone (m)	अजगर (m)	ajagar
boa (m)	अजगर (m)	ajagar
biscia (f)	साँप (f)	sānp

serpente (m) a sonagli	रैटल सर्प (m)	raital sarp
anaconda (f)	एनाकोन्डा (f)	enākonda
lucertola (f)	छिपकली (f)	chhipakalī
iguana (f)	इग्युएना (m)	igyūena
varano (m)	मॉनिटर छिपकली (f)	monitar chhipakalī
salamandra (f)	सैलामैंडर (m)	sailāmaindar
camaleonte (m)	गिरगिट (m)	giragit
scorpione (m)	वृश्चिक (m)	vrshchik
tartaruga (f)	कछुआ (m)	kachhua
rana (f)	मेंढक (m)	mendhak
rospo (m)	भेक (m)	bhek
coccodrillo (m)	मगर (m)	magar

93. Insetti

insetto (m)	कीट (m)	kīt
farfalla (f)	तितली (f)	titalī
formica (f)	चींटी (f)	chīntī
mosca (f)	मक्खी (f)	makkhī
zanzara (f)	मच्छर (m)	machchhar
scarabeo (m)	भृंग (m)	bhrng
vespa (f)	हड्डा (m)	hadda
ape (f)	मधुमक्खी (f)	madhumakkhī
bombo (m)	भंवरा (m)	bhanvara
tafano (m)	गोमक्खी (f)	gomakkhī
ragno (m)	मकड़ी (f)	makarī
ragnatela (f)	मकड़ी का जाल (m)	makarī ka jāl
libellula (f)	व्याध-पतंग (m)	vyādh-patang
cavalletta (f)	टिड्डा (m)	tidda
farfalla (f) notturna	पतंगा (m)	patanga
scarafaggio (m)	तिलचट्टा (m)	tilachatta
zecca (f)	जूँआ (m)	juna
pulce (f)	पिस्सू (m)	pissū
moscerino (m)	भुनगा (m)	bhunaga
locusta (f)	टिड्डी (f)	tiddī
lumaca (f)	घोंघा (m)	ghongha
grillo (m)	झींगुर (m)	jhīngur
lucciola (f)	जुगनू (m)	juganū
coccinella (f)	सोनपंखी (f)	sonapankhī
maggiolino (m)	कोकचाफ़ (m)	kokachāf
sanguisuga (f)	जोक (m)	jok
bruco (m)	इल्ली (f)	illī
verme (m)	केंचुआ (m)	kenchua
larva (f)	कीटडिंभ (m)	kītadimbh

FLORA

94. Alberi

albero (m)	पेड़ (m)	per
deciduo (agg)	पर्णपाती	parnapātī
conifero (agg)	शंकुधर	shankudhar
sempreverde (agg)	सदाबहार	sadābahār
melo (m)	सेब वृक्ष (m)	seb vrksh
pero (m)	नाश्पाती का पेड़ (m)	nāshpātī ka per
ciliegio (m), amareno (m)	चेरी का पेड़ (f)	cherī ka per
prugno (m)	आलूबुख़ारे का पेड़ (m)	ālūbukhāre ka per
betulla (f)	सनोबर का पेड़ (m)	sanobar ka per
quercia (f)	बलूत (m)	balūt
tiglio (m)	लिनडेन वृक्ष (m)	linaden vrksh
pioppo (m) tremolo	आस्पेन वृक्ष (m)	āspen vrksh
acero (m)	मेपल (m)	mepal
abete (m)	फर का पेड़ (m)	far ka per
pino (m)	देवदार (m)	devadār
larice (m)	लार्च (m)	lārch
abete (m) bianco	फर (m)	far
cedro (m)	देवदर (m)	devadar
pioppo (m)	पोप्लर वृक्ष (m)	poplar vrksh
sorbo (m)	रोवाण (m)	rovān
salice (m)	विलो (f)	vilo
alno (m)	आल्डर वृक्ष (m)	āldar vrksh
faggio (m)	बीच (m)	bīch
olmo (m)	एल्म वृक्ष (m)	elm vrksh
frassino (m)	एश-वृक्ष (m)	esh-vrksh
castagno (m)	चेस्टनट (m)	chestanat
magnolia (f)	मैगनोलिया (f)	maiganoliya
palma (f)	ताड़ का पेड़ (m)	tār ka per
cipresso (m)	सरो (m)	saro
mangrovia (f)	मैनग्रोव (m)	mainagrov
baobab (m)	गोरक्षी (m)	gorakshī
eucalipto (m)	यूकेलिप्टस (m)	yūkeliptas
sequoia (f)	सेकोइया (f)	sekoiya

95. Arbusti

| cespuglio (m) | झाड़ी (f) | jhārī |
| arbusto (m) | झाड़ी (f) | jhārī |

vite (f)	अंगूर की बेल (f)	angūr kī bel
vigneto (m)	अंगूर का बाग़ (m)	angūr ka bāg
lampone (m)	रास्पबेरी की झाड़ी (f)	rāspaberī kī jhārī
ribes (m) rosso	लाल करेंट की झाड़ी (f)	lāl karent kī jhārī
uva (f) spina	गूज़बेरी की झाड़ी (f)	gūzaberī kī jhārī
acacia (f)	ऐकेशिय (m)	aikeshiy
crespino (m)	बारबेरी झाड़ी (f)	bāraberī jhārī
gelsomino (m)	चमेली (f)	chamelī
ginepro (m)	जूनिपर (m)	jūnipar
roseto (m)	गुलाब की झाड़ी (f)	gulāb kī jhārī
rosa (f) canina	जंगली गुलाब (m)	jangalī gulāb

96. Frutti. Bacche

frutto (m)	फल (m)	fal
frutti (m pl)	फल (m pl)	fal
mela (f)	सेब (m)	seb
pera (f)	नाश्पाती (f)	nāshpātī
prugna (f)	आलूबुखारा (m)	ālūbukhāra
fragola (f)	स्ट्रॉबेरी (f)	stroberī
amarena (f), ciliegia (f)	चेरी (f)	cherī
uva (f)	अंगूर (m)	angūr
lampone (m)	रास्पबेरी (f)	rāspaberī
ribes (m) nero	काली करेंट (f)	kālī karent
ribes (m) rosso	लाल करेंट (f)	lāl karent
uva (f) spina	गूज़बेरी (f)	gūzaberī
mirtillo (m) di palude	क्रेनबेरी (f)	krenaberī
arancia (f)	संतरा (m)	santara
mandarino (m)	नारंगी (f)	nārangī
ananas (m)	अनानास (m)	anānās
banana (f)	केला (m)	kela
dattero (m)	खजूर (m)	khajūr
limone (m)	नींबू (m)	nīmbū
albicocca (f)	खुबानी (f)	khūbānī
pesca (f)	आड़ू (m)	āṛū
kiwi (m)	चीकू (m)	chīkū
pompelmo (m)	ग्रेपफ्रूट (m)	grepafrūt
bacca (f)	बेरी (f)	berī
bacche (f pl)	बेरियां (f pl)	beriyān
mirtillo (m) rosso	काओबेरी (f)	kaoberī
fragola (f) di bosco	जंगली स्ट्रॉबेरी (f)	jangalī stroberī
mirtillo (m)	बिलबेरी (f)	bilaberī

97. Fiori. Piante

fiore (m)	फूल (m)	fūl
mazzo (m) di fiori	गुलदस्ता (m)	guladasta
rosa (f)	गुलाब (f)	gulāb
tulipano (m)	ट्यूलिप (m)	tyūlip
garofano (m)	गुलनार (m)	gulanār
gladiolo (m)	ग्लेडियोलस (m)	glediyolas
fiordaliso (m)	नीलकूपी (m)	nīlakūpī
campanella (f)	ब्लूबेल (m)	blūbel
soffione (m)	कुकरौंधा (m)	kukaraundha
camomilla (f)	कैमोमाइल (m)	kaimomail
aloe (m)	मुसब्बर (m)	musabbar
cactus (m)	कैक्टस (m)	kaiktas
ficus (m)	रबड़ का पौधा (m)	rabar ka paudha
giglio (m)	कुमुदिनी (f)	kumudinī
geranio (m)	जेरेनियम (m)	jeraniyam
giacinto (m)	हायसिंथ (m)	hāyasinth
mimosa (f)	मिमोसा (m)	mimosa
narciso (m)	नरगिस (f)	naragis
nasturzio (m)	नस्टाशयम (m)	nastāshayam
orchidea (f)	आर्किड (m)	ārkid
peonia (f)	पियोनी (m)	piyonī
viola (f)	वॉयलेट (m)	voyalet
viola (f) del pensiero	पैंज़ी (m pl)	painzī
nontiscordardimé (m)	फगर्ेट मी नाट (m)	fargent mī nāt
margherita (f)	गुलबहार (f)	gulabahār
papavero (m)	खशखाश (m)	khashakhāsh
canapa (f)	भांग (f)	bhāng
menta (f)	पुदीना (m)	pudīna
mughetto (m)	कामुदिनी (f)	kāmudinī
bucaneve (m)	सफ़ेद फूल (m)	safed fūl
ortica (f)	बिच्छू बूटी (f)	bichchhū būtī
acetosa (f)	सोरेल (m)	sorel
ninfea (f)	कुमुदिनी (f)	kumudinī
felce (f)	फर्न (m)	farn
lichene (m)	शैवाक (m)	shaivāk
serra (f)	शीशाघर (m)	shīshāghar
prato (m) erboso	घास का मैदान (m)	ghās ka maidān
aiuola (f)	फुलवारी (f)	fulavārī
pianta (f)	पौधा (m)	paudha
erba (f)	घास (f)	ghās
filo (m) d'erba	तिनका (m)	tinaka

foglia (f)	पत्ती (f)	pattī
petalo (m)	पंखड़ी (f)	pankharī
stelo (m)	डंडी (f)	dandī
tubero (m)	कंद (m)	kand
germoglio (m)	अंकुर (m)	ankur
spina (f)	कांटा (m)	kānta
fiorire (vi)	खिलना	khilana
appassire (vi)	मुरझाना	murajhāna
odore (m), profumo (m)	बू (m)	bū
tagliare (~ i fiori)	काटना	kātana
cogliere (vt)	तोड़ना	torana

98. Cereali, granaglie

grano (m)	दाना (m)	dāna
cereali (m pl)	अनाज की फ़सलें (m pl)	anāj kī fasalen
spiga (f)	बाल (f)	bāl
frumento (m)	गेहूं (m)	gehūn
segale (f)	रई (f)	raī
avena (f)	जई (f)	jaī
miglio (m)	बाजरा (m)	bājara
orzo (m)	जौ (m)	jau
mais (m)	मक्का (m)	makka
riso (m)	चावल (m)	chāval
grano (m) saraceno	मोथी (m)	mothī
pisello (m)	मटर (m)	matar
fagiolo (m)	राजमा (f)	rājama
soia (f)	सोया (m)	soya
lenticchie (f pl)	दाल (m)	dāl
fave (f pl)	फली (f pl)	falī

PAESI

99. Paesi. Parte 1

Afghanistan (m)	अफ़ग़ानिस्तान (m)	afagānistān
Albania (f)	अल्बानिया (m)	albāniya
Arabia Saudita (f)	सऊदी अरब (m)	saūdī arab
Argentina (f)	अर्जेंटीना (m)	arjentīna
Armenia (f)	आर्मीनिया (m)	ārmīniya
Australia (f)	आस्ट्रेलिया (m)	āstreliya
Austria (f)	ऑस्ट्रिया (m)	ostriya
Azerbaigian (m)	आज़रबाइजान (m)	āzarabaijān
Le Bahamas	बहामा (m)	bahāma
Bangladesh (m)	बांग्लादेश (m)	bānglādesh
Belgio (m)	बेल्जियम (m)	beljiyam
Bielorussia (f)	बेलारूस (m)	belārūs
Birmania (f)	म्यांमर (m)	myāmmar
Bolivia (f)	बोलीविया (m)	bolīviya
Bosnia-Erzegovina (f)	बोस्निया और हर्ज़ेगोविना	bosniya aur harzegovina
Brasile (m)	ब्राज़ील (m)	brāzīl
Bulgaria (f)	बुल्गारिया (m)	bulgāriya
Cambogia (f)	कम्बोडिया (m)	kambodiya
Canada (m)	कनाडा (m)	kanāda
Cile (m)	चिली (m)	chilī
Cina (f)	चीन (m)	chīn
Cipro (m)	साइप्रस (m)	saipras
Colombia (f)	कोलम्बिया (m)	kolambiya
Corea (f) del Nord	उत्तर कोरिया (m)	uttar koriya
Corea (f) del Sud	दक्षिण कोरिया (m)	dakshin koriya
Croazia (f)	क्रोएशिया (m)	kroeshiya
Cuba (f)	क्यूबा (m)	kyūba
Danimarca (f)	डेन्मार्क (m)	denmārk
Ecuador (m)	इक्वेडोर (m)	ikvedor
Egitto (m)	मिस (m)	misr
Emirati (m pl) Arabi	संयुक्त अरब अमीरात (m)	sanyukt arab amīrāt
Estonia (f)	एस्तोनिया (m)	estoniya
Finlandia (f)	फ़िनलैंड (m)	finalaind
Francia (f)	फ़्रांस (m)	frāns

100. Paesi. Parte 2

Georgia (f)	जॉर्जिया (m)	jorjiya
Germania (f)	जर्मन (m)	jarman
Ghana (m)	घाना (m)	ghāna
Giamaica (f)	जमैका (m)	jamaika

Giappone (m)	जापान (m)	jāpān
Giordania (f)	जॉर्डन (m)	jordan
Gran Bretagna (f)	ग्रेट ब्रिटेन (m)	gret briten
Grecia (f)	ग्रीस (m)	grīs
Haiti (m)	हाइटी (m)	haitī
India (f)	भारत (m)	bhārat
Indonesia (f)	इण्डोनेशिया (m)	indoneshiya
Inghilterra (f)	इंग्लैंड (m)	inglaind
Iran (m)	इरान (m)	irān
Iraq (m)	इराक़ (m)	irāq
Irlanda (f)	आयरलैंड (m)	āyaralaind
Islanda (f)	आयसलैंड (m)	āyasalaind
Israele (m)	इसायल (m)	isrāyal
Italia (f)	इटली (m)	italī
Kazakistan (m)	कज़ाकस्तान (m)	kazākastān
Kenya (m)	केन्या (m)	kenya
Kirghizistan (m)	किर्गीज़िया (m)	kirgīziya
Kuwait (m)	कुवैत (m)	kuvait
Laos (m)	लाओस (m)	laos
Lettonia (f)	लाटविया (m)	lātaviya
Libano (m)	लेबनान (m)	lebanān
Libia (f)	लीबिया (m)	lībiya
Liechtenstein (m)	लिकटेंस्टीन (m)	likatenstīn
Lituania (f)	लिथुआनिया (m)	lithuāniya
Lussemburgo (m)	लक्ज़मबर्ग (m)	lakzamabarg
Macedonia (f)	मेसेडोनिया (m)	mesedoniya
Madagascar (m)	मडागास्कार (m)	madāgāskār
Malesia (f)	मलेशिया (m)	maleshiya
Malta (f)	माल्टा (m)	mālta
Marocco (m)	मोरक्को (m)	morakko
Messico (m)	मेक्सिको (m)	meksiko
Moldavia (f)	मोलदोवा (m)	moladova
Monaco (m)	मोनाको (m)	monāko
Mongolia (f)	मंगोलिया (m)	mangoliya
Montenegro (m)	मोंटेनेग्रो (m)	montenegro
Namibia (f)	नामीबिया (m)	nāmībiya
Nepal (m)	नेपाल (m)	nepāl
Norvegia (f)	नार्वे (m)	nārve
Nuova Zelanda (f)	न्यू ज़ीलैंड (m)	nyū zīlaind

101. Paesi. Parte 3

Paesi Bassi (m pl)	नीदरलैंड्स (m)	nīdaralainds
Pakistan (m)	पाकिस्तान (m)	pākistān
Palestina (f)	फिलिस्तीन (m)	filistīn
Panama (m)	पनामा (m)	panāma
Paraguay (m)	परागुआ (m)	parāgua
Perù (m)	पेरू (m)	perū
Polinesia (f) Francese	फ्रेंच पॉलीनेशिया (m)	french polīneshiya

| Polonia (f) | पोलैंड (m) | polaind |
| Portogallo (f) | पुर्तगाल (m) | purtagāl |

Repubblica (f) Ceca	चेक गणतंत्र (m)	chek ganatantr
Repubblica (f) Dominicana	डोमिनिकन रिपब्लिक (m)	dominikan ripablik
Repubblica (f) Sudafricana	दक्षिण अफ्रीका (m)	dakshin afrīka
Romania (f)	रोमानिया (m)	romāniya
Russia (f)	रूस (m)	rūs

Scozia (f)	स्कॉटलैंड (m)	skotalaind
Senegal (m)	सेनेगाल (m)	senegāl
Serbia (m)	सर्बिया (m)	sarbiya
Siria (f)	सीरिया (m)	sīriya
Slovacchia (f)	स्लोवाकिया (m)	slovākiya
Slovenia (f)	स्लोवेनिया (m)	sloveniya

Spagna (f)	स्पेन (m)	spen
Stati (m pl) Uniti d'America	संयुक्त राज्य अमरीका (m)	sanyukt rājy amarīka
Suriname (m)	सूरीनाम (m)	sūrīnām
Svezia (f)	स्वीडन (m)	svīdan
Svizzera (f)	स्विट्ज़रलैंड (m)	svitzaralaind

Tagikistan (m)	ताजिकिस्तान (m)	tājikistān
Tailandia (f)	थाईलैंड (m)	thaīlaind
Taiwan (m)	ताइवान (m)	taivān
Tanzania (f)	तंज़ानिया (m)	tanzāniya
Tasmania (f)	तास्मानिया (m)	tāsmāniya
Tunisia (f)	ट्यूनीसिया (m)	tyunīsiya
Turchia (f)	तुर्की (m)	turkī
Turkmenistan (m)	तुर्कमानिस्तान (m)	turkamānistān

Ucraina (f)	यूक्रेन (m)	yūkren
Ungheria (f)	हंगरी (m)	hangarī
Uruguay (m)	उरुग्वे (m)	urugve
Uzbekistan (m)	उज़्बेकिस्तान (m)	uzbekistān

Vaticano (m)	वेटिकन (m)	vetikan
Venezuela (f)	वेनेज़ुएला (m)	venezuela
Vietnam (m)	वियतनाम (m)	viyatanām
Zanzibar	ज़ैंज़िबार (m)	zainzibār